高等职业教育科普教育系列教材

汽车文化概论

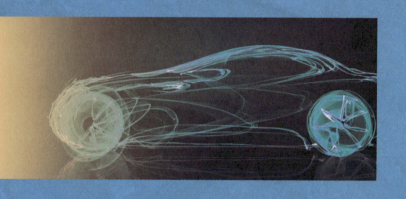

丛书主编 ◎ 沈言锦
本书主编 ◎ 瞿维中 邹瑞睿
本书副主编 ◎ 陈 标 吴芳榕 张 丹
　　　　　　朱先明 刘 平

本书共分为 6 章，分别为汽车文化历程、汽车品牌展示、汽车设计和构造、汽车工匠精神、汽车创客创意、汽车未来发展，旨在帮助读者熟悉各汽车品牌的发展历程和文化内涵，了解汽车设计和构造，掌握汽车新技术的前沿知识，培养科学精神和创新思维。

本书适合高等职业教育汽车相关专业的学生作为入门教材学习，也可以作为非汽车专业学生、对汽车文化感兴趣的读者的科普通识读物。希望本书能成为读者追求卓越职业生涯的有力工具，为未来发展奠定坚实的基础。

本书配有微课视频和在线测试，读者扫描书中二维码，即可随时学习。

本书配有电子课件、习题及答案等数字资源，凡使用本书作为授课教材的教师都可登录机械工业出版社教育服务网（www.cmpedu.com）下载。咨询电话：010-88379375。

图书在版编目（CIP）数据

汽车文化概论 / 瞿维中，邹瑞睿主编. -- 北京：机械工业出版社，2024. 11. --（高等职业教育科普教育系列教材 / 沈言锦主编）. -- ISBN 978-7-111-77030-5

Ⅰ. U46-05

中国国家版本馆CIP数据核字第2024L8A986号

机械工业出版社（北京市百万庄大街22号　邮政编码100037）
策划编辑：杨晓昱　　　　　责任编辑：杨晓昱
责任校对：肖　琳　李　婷　封面设计：马精明
责任印制：李　昂
北京捷迅佳彩印刷有限公司印刷
2025年1月第1版第1次印刷
184mm×260mm · 10.5印张 · 183千字
标准书号：ISBN 978-7-111-77030-5
定价：49.00元

电话服务　　　　　　　　　网络服务
客服电话：010-88361066　　机 工 官 网：www.cmpbook.com
　　　　　010-88379833　　机 工 官 博：weibo.com/cmp1952
　　　　　010-68326294　　金 书 网：www.golden-book.com
封底无防伪标均为盗版　机工教育服务网：www.cmpedu.com

前　言

中共中央办公厅、国务院办公厅印发的《关于新时代进一步加强科学技术普及工作的意见》指出，"科学技术普及（以下简称科普）是国家和社会普及科学技术知识、弘扬科学精神、传播科学思想、倡导科学方法的活动，是实现创新发展的重要基础性工作"，并要求"高等学校应设立科技相关通识课程，满足不同专业、不同学习阶段学生需求，鼓励和支持学生开展创新实践活动和科普志愿服务""强化职业学校教育和职业技能培训中的科普。弘扬工匠精神，提升技能素质，培育高技能人才队伍"。

党的二十大报告进一步提出加强国家科普能力建设，将科普作为提高全社会文明程度的重要举措。

为了落实党的二十大精神和《关于新时代进一步加强科学技术普及工作的意见》的文件精神，强化高职院校的科普教育，湖南省多家高职院校、研究机构共同编写出版了高等职业教育科普教育系列教材，本书为该系列教材之一。

汽车产业是制造业中产值大、产业链长、关联产业多的基础产业，是一个国家制造业软实力和硬实力的综合体现，是制造强国、质量强国、交通强国、网络强国建设的交叉点和聚焦点。汽车文化是促进汽车产业发展不可或缺的力量。

本书共分6章，分别为汽车文化历程、汽车品牌展示、汽车设计和构造、汽车工匠精神、汽车创客创意、汽车未来发展，旨在帮助读者熟悉各汽车品牌的发展历程和文化内涵，了解汽车设计和构造，掌握汽车新技术的前沿知识，培养科学精神和创新思维。

本书内容力求突出通识性和实用性，编写遵循四个要点：①以深入浅出的方式，激发读者崇尚科学、探索未知的兴趣，促进其科学素质的提高。②介绍基本概念或解释技术原理，让读者能切实理解和掌握汽车制造技术的基本原理及相关应用知识。

③提供浅显易懂的案例，善用学习金字塔的学习效能要求，便于读者采用多元学习方式。④每章设置了难度适中的思考与练习，让读者在练习后能够更自信地建构汽车文化的基本观念与技术框架。

本书适合高等职业教育汽车类相关专业学生作为专业入门教材学习，也可作为非汽车类专业学生、对汽车感兴趣的读者的科普通识读物。感谢湖南省教育科学研究院、湖南汽车工程职业学院、湖南九嶷职业技术学院、永州职业技术学院、长沙环境保护职业技术学院等研究机构和院校对本书编写给予的大力支持。

由于编者水平有限，如果读者发现本书有任何疏漏和不足，请不吝指正。

编者

目　录

前言

第 1 章　汽车文化历程

1.1　世界汽车发展（微课 1） ···002
1.1.1　汽车的出现及发展 ···002
1.1.2　世界汽车发展史 ···004

1.2　中国汽车的崛起之路（微课 2） ···008
1.2.1　中国汽车业的早期发展 ···008
1.2.2　中国汽车工业的初创 ···009
1.2.3　中国汽车工业的成长 ···010
1.2.4　中国汽车工业的全面发展 ···010
1.2.5　新能源汽车的发展历程 ···011

思考与练习（在线测试 1） ···017

第 2 章　汽车品牌展示

2.1　经典民族品牌（微课 3） ···020
2.1.1　中国第一汽车集团有限公司 ···020
2.1.2　东风汽车集团股份有限公司 ···022
2.1.3　中国长安汽车集团有限公司 ···025
2.1.4　上海汽车集团股份有限公司 ···027
2.1.5　北京汽车集团有限公司 ···032
2.1.6　广州汽车集团股份有限公司 ···034
2.1.7　其他汽车公司 ···036

2.2　世界品牌特色（微课 4） ···042
2.2.1　欧洲著名汽车品牌 ···042
2.2.2　日本著名汽车品牌 ···049
2.2.3　美国著名汽车品牌 ···052

2.2.4 韩国著名汽车品牌 …………………………………… 057
思考与练习（在线测试2）………………………………… 059

第3章 汽车设计和构造

3.1 初探汽车设计（微课5）………………………………… 062
    3.1.1 传统汽车设计的特点 ……………………………… 062
    3.1.2 新能源汽车的设计思路 …………………………… 063
3.2 揭秘汽车构造（微课6）………………………………… 066
    3.2.1 发动机 ……………………………………………… 067
    3.2.2 底盘 ………………………………………………… 071
    3.2.3 车身 ………………………………………………… 073
    3.2.4 电气设备 …………………………………………… 074
思考与练习（在线测试3）………………………………… 077

第4章 汽车工匠精神

4.1 品鉴汽车故事（微课7）………………………………… 080
    4.1.1 汽车之父——卡尔·本茨 ………………………… 080
    4.1.2 汽车鼻祖——戈特利布·戴姆勒 ………………… 081
    4.1.3 设计之王——威廉·迈巴赫 ……………………… 082
    4.1.4 汽车大王——亨利·福特 ………………………… 083
    4.1.5 赛车之父——恩佐·法拉利 ……………………… 084
    4.1.6 蒸汽机汽车发明者——尼古拉斯·约瑟夫·库诺 … 085
    4.1.7 四冲程内燃机发明人——尼古拉斯·奥托 ……… 085
    4.1.8 中国汽车工业奠基人——饶斌 …………………… 086
    4.1.9 中国汽车技术奠基人——孟少农 ………………… 087
    4.1.10 中国内燃机和汽车工程教育奠基人——潘承孝 … 087
4.2 传承工匠精神（微课8）………………………………… 088
    4.2.1 从高考落榜到高端发动机制造挑大梁——杨永修 … 088
    4.2.2 潜心深耕技能，聚力"中国智造"——王树军 …… 089
    4.2.3 技能改变人生——杨山巍 ………………………… 090

4.2.4 一人一生一事——赵郁 ……………………………………………… 090
　　　4.2.5 用行动诠释"汽车人"的工匠精神——李元园 ……… 091
思考与练习（在线测试 4）……………………………………………………… 093

第 5 章　汽车创客创意

5.1 穿越经典创客（微课 9）…………………………………………………… 096
　　5.1.1 创客运动"源"来已久 ………………………………………………… 096
　　5.1.2 汽车工业历史上的经典创客 ………………………………………… 097
5.2 体验创意制作（微课 10）………………………………………………… 104
　　5.2.1 外观改装 ……………………………………………………………… 104
　　5.2.2 内饰升级 ……………………………………………………………… 107
　　5.2.3 车载电子设备安装 …………………………………………………… 111
思考与练习（在线测试 5）……………………………………………………… 115

第 6 章　汽车未来发展

6.1 汽车与社会生活（微课 11）……………………………………………… 118
　　6.1.1 汽车对社会经济的影响 ……………………………………………… 118
　　6.1.2 汽车对人类生活的影响 ……………………………………………… 119
　　6.1.3 汽车对环境的影响 …………………………………………………… 120
　　6.1.4 汽车对交通的影响 …………………………………………………… 125
　　6.1.5 汽车对能源的影响 …………………………………………………… 126
6.2 汽车创新发展（微课 12）………………………………………………… 130
　　6.2.1 未来汽车的发展要求 ………………………………………………… 130
　　6.2.2 新能源汽车 …………………………………………………………… 131
　　6.2.3 智能网联汽车 ………………………………………………………… 147
思考与练习（在线测试 6）……………………………………………………… 159

参考文献 …………………………………………………………………… 160

第1章
汽车文化历程

微课1

1.1 世界汽车发展

1.1.1 汽车的出现及发展

车，在几千年的历史长河中，扮演着交通运输的重要角色。世界上的第一辆车，是在公元前2000多年我国夏朝大禹时代由奚仲发明的，他也因发明马车而被尊称为"车正"，被后人尊为"造车鼻祖"。世界上设想汽车的第一人是我国唐朝天文学家僧一行（本名张遂）。为了打破车辆始终依赖人力或畜力作为驱动力的局面，他率先提出"激铜轮自转之法，加以火蒸汽运"的大胆设想，并将这种机器称之为"汽车"。

1. 蒸汽机汽车时代

1765年，英国人瓦特（James Watt）发明了蒸汽机，带领人类进入"蒸汽机时代"。许多发明家纷纷把瓦特的发明应用到"自走式车辆"的设计中。

1769年，法国陆军工程师尼古拉斯·约瑟夫·库诺（Nicolas Joseph Cugnot）制成了世界上第一辆具有实用价值的蒸汽汽车。但这辆车只是极不成熟的试验品，锅炉里的蒸汽只能供车辆行驶30min，最高车速也只有4km/h。在试车时，车辆还由于转向不灵撞到了兵工厂的墙上，破损得七零八落，就这样结束了短暂的一生。

1804年，英国工程师理查德·特里维希克（Richard Trevithick）设计出高压蒸汽机并把它装在车辆里，制造了世界上第一台实用性轮轨蒸汽机汽车。

19世纪中叶是蒸汽机汽车的黄金时代，其车速最高已达55km/h。蒸汽机汽车的好时光结束于1912年，这一年出现了汽油机电动起动装置，这使得蒸汽机起动慢的缺点更加突出。到20世纪20年代，蒸汽机汽车已经完全衰落，成了博物馆里供人怀念的展品。

2. 内燃机的发明及发展

1801年，法国化学家菲利浦·勒本（Philips Lebon）采用煤干馏得到的煤气和氢气作燃料制造了一台发动机，它是将上述可燃气体与空气混合后点燃产生膨胀力来推动活塞运动的,这项发明被誉为内燃机发展史上具有开拓性的一步。

1859年,比利时出生的法国发明家勒努瓦(Lenoir)发明了第一台实用的用照明瓦斯作为燃料的内燃机,并首次安装了蓄电池供电的电火花点火系统。由于发动机在大气压下工作,不对可燃混合气体进行压缩,因此功率和热效率都极低。

1864年,德国发明家尼古拉斯·奥托(Nikolaus August Otto)与企业家兼工程师尤金·朗根(Eugen Langen)合作建立了世界上第一家内燃机制造厂,专门从事内燃机的开发工作。1876年,奥托找出了勒努瓦内燃机低效的根源——没有对可燃混合气进行压缩。他有针对性地提出了内燃机工作的最佳循环方式:进气—压缩—做功—排气,即著名的"奥托循环"。这一年,奥托研制出了在动力史上具有划时代意义的"往复式四冲程内燃机",并于第二年在巴黎万国博览会上赢得金奖。

1897年,德国工程师鲁道夫·狄塞尔(Rudolf Diesel)在德国卡塞尔展出了第一台实用的柴油机。由于柴油机的热效率远远高于汽油机的热效率,并具有较高的安全性,使得柴油机成为重型车辆和军用车辆的首选动力。人们为了纪念狄塞尔的功绩,将柴油机称为"狄塞尔"(英语的DIESEL即为柴油机的意思)。

1924年,德国人菲利克斯·汪克尔(Felix Wankel)建立了一个转子发动机的小型试验室,开始了潜心发明转子发动机的征程。1929年他获得第一个转子发动机专利。为了纪念他的杰出成就,人们把转子发动机称为"汪克尔发动机"。

3. 电动汽车的出现及发展

电动汽车历史悠久,它的发展史甚至比燃油汽车的历史还要长。1834年,美国发明家托马斯·达文波特(Thomas Davenport)发明了世界上第一辆真正意义上的电动汽车。这辆电动汽车采用不可充电的简单玻璃封装蓄电池驱动,只能行驶一小段距离。1839年,苏格兰发明家罗伯特·安德森(Robert Anderson)给四轮马车装上了电池和电动机,将其成功改造为世界上第一辆靠电力驱动的车辆。1881年,法国工程师古斯塔夫·特鲁夫(Gustave Trouve)装配了以铅酸电池为动力的电动汽车,制造了世界上第一辆以可充电池为动力的电动汽车。1886年,美国人弗兰克·斯普雷格(Frank Sprague)设计生产出有轨电车,法国人达拉克(Darracq)提出了再生制动技术,作为那个时期电动汽车最重要的发明,这一技术较大幅度地提高了电动汽车的能量效率。1899年,比利时人卡米尔·杰那茨(Camile Jenatzy)驾驶的子弹头式的电池电动赛车"Jamais Contente(永不满足号)"创下了105.88km/h的纪录,成为历史上第一辆时速超过100km/h的汽车。

从19世纪末到20世纪初，在欧美等发达国家的新兴城市里，马车和自行车等交通工具已逐步为电动汽车、内燃机车及蒸汽机车所取代。电动汽车变得流行起来，并进入了一个商业化的发展阶段。这一时期也成为早期电动汽车发展的全盛时期。

随着各国道路建设的不断发展，同时，由于内燃机及相关燃油汽车的发明和技术的进步，电动汽车的不足逐渐显现出来。电动汽车每次行驶都要长时间充电，并且运行距离受车上电力储备的影响，因而逐渐被燃油汽车取代。20世纪30~60年代，电动汽车步入了冬眠期。

20世纪70年代初，中东爆发的石油危机迅速蔓延至全球，一场能源革命随之到来。对于靠燃油生存的普通汽车来说，燃油是唯一的驱动能源，没有了石油，汽车就变得"寸步难行"。电动汽车因为其接近零污染，电动机比内燃机简单可靠，电动机的转速和扭矩也比内燃机更易控制等因素，重新进入各国政府和科研人员的视野。电动汽车也由此重新复苏。1976年，美国颁布了关于电动汽车的研究、开发和应用的法律规范。同时，欧洲、亚洲等各国也投入大量的人力物力开始重新致力于电动汽车的开发和研究，为电动汽车的发展铺下了坚实的基础。

但是，在电动汽车还没有全面商用化之前，也就是在20世纪70年代末和80年代，能源危机和石油短缺问题得到缓解，政府机构提倡汽车制造商加大燃油的利用率和减小污染排放。相应地，电动汽车的商用化也失去了动力，电动汽车的发展又变得缓慢，再次步入低谷。

从20世纪90年代开始，在能源和环境的双重压力下，电动汽车的研究开发再次进入了一个活跃期。随着各种科学技术的高速发展，电动汽车的许多技术难点逐渐得到了解决。世界各大汽车制造商纷纷推出各自的电动汽车产品。

1.1.2 世界汽车发展史

1. 汽车诞生于德国

德国是现代汽车的发祥地，是生产汽车历史最悠久的国家。自从1886年德国人卡尔·本茨（Karl Benz）发明第一辆汽车，德国的汽车工业已经走过了130多年的发展历程。德国汽车工业的发展也和世界其他国家一样，经历了"发明实验""不断完善""迅速发展""高科技广泛应用"和"整合再发展"五个阶段。每一个阶段的发展都与德国的政治、经济、社会文化等领域的重大事件紧密联系在一起。

(1) 汽车的发明实验阶段

1885年卡尔·本茨购买了奥托的内燃机专利，并将一个内燃机和加速器安装在一辆三轮马车上。1886年1月29日德国曼海姆专利局批准了卡尔·本茨为在1885年研制成功的第一辆单缸三轮汽车申请的专利，专利证书号为37435，从而获得了世界上第一辆汽车的发明权，这一天被大多数人称为现代汽车诞生日。1886年，德国人戈特利布·戴姆勒（Gottlieb Daimler）制成世界上第一辆四轮汽车。1867年德国工程师奥托研制出世界上第一台往复活塞式四冲程发动机，并于1885年宣布放弃专利，任何人都可以根据需要随意制作。1887年，奔驰汽车公司成立，1890年戴姆勒汽车公司成立，1926年奔驰公司和戴姆勒公司合并成为戴姆勒-奔驰公司，生产"梅赛德斯-奔驰"（Mercedes-Benz）牌汽车。1998年戴姆勒-奔驰公司兼并美国第三大汽车公司克莱斯勒公司，成立戴姆勒-克莱斯勒公司。

19世纪70年代，正是西方第二次工业革命浪潮兴起的时候，德国人抓住了从1871年德意志第二帝国统一后的几十年时间，在19世纪末创造了一个奇迹：德国在短短的30年里走完了英国人用了100多年才走完的工业化道路，从而使德国跻身于世界工业化的强国之列。1901年，全德国只有12家汽车厂，职工1773人，年产汽车884辆；而到了1908年，德国的汽车厂已达到53家，职工12400人，年产汽车5547辆。到第一次世界大战前，德国汽车工业已基本形成了一个独立的工业部门，汽车制造工人5万多人，年产量达2万辆，这是仅次于美国的汽车产量。

(2) 汽车技术不断完善阶段

1923年到1929年这7年时间，被称为是德国汽车工业"黄金般的20年代"。这一时期，汽车工业发展迅速，现代汽车技术不断得到完善。到第二次世界大战爆发前，德国的汽车工业已具有相当的基础，戴姆勒-奔驰、奥迪、大众等汽车公司均已形成一定的生产规模，这为20世纪30年代以后相当长一段时间里汽车成为世界上产品文化的一个主要载体之一奠定了基础。

(3) 汽车工业迅速发展阶段

1950年，德国的汽车产量达到30万辆。随着国内汽车高速普及以及汽车出口竞争能力的不断提高，德国汽车产量大幅度上升，尤其以大众公司的"甲壳虫"汽车为代表，这标志着德国汽车工业开始进入飞速发展的阶段。1960年，德国的汽车年产量已达200万辆，10年内增长了5.7倍，年均增长率达21%，从此德国成为欧洲最大的汽车生产国和出口国。

（4）汽车高科技广泛应用阶段

从20世纪60年代开始，德国的汽车工业继续以较高速度增长，经过竞争，汽车厂家由100多家到仅剩下10多家，产量却不断提高。许多现代科技被广泛应用于汽车工业，汽车生产开始进入一个成熟阶段。在两德重新统一后，德国的汽车工业不断地调整和重组。随着欧洲一体化进程的加快，德国的汽车工业进入一个新的发展阶段。

（5）汽车产业整合再发展阶段

20世纪末以来德国经济形势持续低迷，严重影响了消费者的消费信心，国内汽车销售大幅下滑。从20世纪90年代后期起，全球汽车工业发生的最重要事件莫过于资产重组、联合兼并的浪潮。这一时期德国汽车工业比较引人注目的重组及联合兼并事件主要有：奔驰与克莱斯勒的合并，大众与宝马收购劳斯莱斯、宾利等。受到全球石油危机和环境问题的重大影响，德国汽车工业也在探索电动化和智能化。

总之，德国汽车工业的发展历程充满了创新和变革。从初创到成为全球领先的汽车制造商，德国汽车工业始终保持着对技术和质量的执着追求，为全球汽车产业的发展做出了重要贡献。

2. 汽车成长于法国

汽车在法国的发展可以追溯到19世纪末和20世纪初。法国的汽车制造商在推动汽车技术的进步方面做出了贡献，例如标致汽车和雷诺汽车。

标致汽车公司在1890年由阿尔芒·标致（Armand Peugeot）创立，自1890年开始生产汽油汽车，并在随后的几十年里逐渐发展壮大。在20世纪初，标致汽车已经能够生产出具有先进技术的汽车，如标致39型汽车，其外形设计十分惊艳，畅销欧美各国，甚至被出口到中国。

雷诺汽车公司在1898年由路易·雷诺（Louis Renault）创立。他使用齿轮驱动替换了传统的链条或皮带驱动，进一步提升了汽车的行进效率。在第一次世界大战期间，雷诺公司为法国军队提供了大量的坦克、飞机发动机和其他武器。战后，雷诺公司继续发展壮大，成为法国最大的汽车制造商之一。

除了标致和雷诺，法国还有其他一些知名的汽车品牌，如雪铁龙、布加迪等。这些品牌都在不同的时期为法国的汽车工业做出了贡献。

总体来说，法国在汽车技术的发展方面一直处于领先地位，尤其是在车体设计方面，法国的汽车公司一直以其创新的设计和先进的技术而闻名于世。

3. 汽车成熟于美国

美国的汽车发展史可以追溯到19世纪末和20世纪初。在这个时期，美国的汽车工业经历了多个阶段，包括导入期、成长期、重塑期和成熟期。

在导入期，汽车刚刚被发明出来，这个时期的代表性事件是福特公司于1913年开创了汽车流水式作业的生产方式，这使得汽车变得更加普及，并为美国的汽车工业奠定了基础。

在成长期，代表性事件是第二次世界大战期间，美国的汽车工业得到了大量的军事合同，从而得以迅速发展。

在重塑期，美国逐渐掌握了石油的权利，汽车的需求重新上升。这个时期的代表性事件是底特律成为汽车城，吸引了大量的人才和资金。

在成熟期，汽车在美国成为一种非常普遍的代步工具。这个时期的代表性事件是美国的汽车公司开始推出众多品牌，如雪佛兰、别克、凯迪拉克、福特等知名品牌。这些品牌的产品定位为中高端车型，同时也生产一些相关的军用货车和吉普车。

总的来说，美国的汽车发展史是充满挑战和机遇的。在这个过程中，美国的汽车工业不断壮大和完善，成为全球领先的汽车产业之一。

4. 汽车兴旺于欧洲

在20世纪后半叶，欧洲汽车在性能、安全性、燃油效率以及环保方面进行了大量的改进。尤其是进入到21世纪初期，大量新技术、新产品不断涌现。

欧洲汽车在性能方面的改进主要包括提高发动机效率、降低油耗和提升驾驶体验。例如，奥迪推出了TFSI发动机，这种发动机结合了涡轮增压和燃油直喷技术，能够提高燃油效率，同时提供更强的动力。此外，宝马的iDrive系统也极大地改善了驾驶体验，让驾驶者能够更加便捷地操作车辆。

在安全性方面，欧洲汽车公司也做出了许多改进。例如，沃尔沃推出了City Safety城市安全系统，该系统可以自动检测车辆前方的障碍物，并在必要时自动制动以避免碰撞。此外，欧洲汽车公司还引入了更多的安全气囊、ABS防锁死制动系统、ESP电子稳定系统等安全配置，以提升车辆的安全性能。

在燃油效率方面，欧洲汽车公司通过引入新技术和优化设计，使得汽车的燃油效率得到了显著提升。例如，柴油发动机的引入以及双离合变速器的广泛应用，都使得欧洲汽车的燃油效率得到了显著提高。

在环保方面，随着环保意识的提高，欧洲汽车公司开始推出电动汽车和混合动力汽车。这些车型采用电力或其他清洁能源作为动力源,能够减少对环境的污染。例如,奥迪推出了 e-tron 系列电动汽车,这些车型采用电力驱动,具有较高的续航能力和环保性能。

5. 汽车挑战于亚洲

亚洲汽车的发展历史可以追溯到 20 世纪初。最早的汽车是由欧洲人引入亚洲的,而亚洲的汽车工业则是在 20 世纪 60 年代开始起步的。

在亚洲的汽车工业发展初期,日本在 20 世纪 60 年代开始大规模生产汽车,并逐渐成为全球最大的汽车生产国之一。

在 20 世纪 80 年代和 90 年代,其他亚洲国家也开始发展自己的汽车工业。中国、韩国和印度等国家开始引入外资和技术,建立自己的汽车制造企业。这些国家的汽车工业得到了快速的发展,并逐渐成为全球汽车市场的重要参与者。

近年来,亚洲的汽车生产技术和研发水平大幅度提高,随着中国等亚洲国家经济发展,亚洲汽车市场需求增大,亚洲总体经济、技术环境有利于汽车企业的生产销售,因此,亚洲成为全球汽车生产投资的优先选择,全球汽车生产中心转移。

微课 2

1.2 中国汽车的崛起之路

1956 年 7 月 13 日,第一辆解放汽车开下总装配线,开启了我国汽车工业发展的序幕。如今我国汽车产销量早已位居全球第一,我国汽车工业也开始引领全球电动化、智能化的发展。

1.2.1 中国汽车业的早期发展

1901 年,匈牙利人李恩时(Leinz)将两辆汽车带入上海租界,这是有据可考的真正的汽车第一次进入中国。1902 年,公共租界工部局例会上讨论,决定先发临时牌照,次年发正式牌照。此后陆续有更多的汽车从国外运进我国。

1907 年以后,我国少数沿海城市陆续出现了汽车货运和汽车客运。1917 年,我国第一条汽车运输线路张库[张家口至库伦(今蒙古乌兰巴托)]公路通车。到 1927 年全国公路已达 29170km,民用汽车保有量由 1912 年的 294 辆增加到 18677 辆。

此后我国陆续出现了一些生产汽车的尝试。当时我国汽油紧缺，因而还出现了不少尝试研制、改造木炭汽车的案例。1931年，张学良先生在辽宁造出民生牌汽车，是目前可考的我国最早生产的汽车之一。

在抗日战争期间，我国也有过生产汽车的尝试。例如，1936年曾筹建中国汽车制造公司，并于1937—1939年间用进口的散件组装了2000多辆柴油汽车。但除了资金和技术上的不足，在抗日战争期间，发展汽车工业已然不具备条件。抗日战争胜利后，一批国内汽车修理、配件企业短暂恢复，但直到中华人民共和国成立前，我国汽车相关制造业仍然十分薄弱。

我国早期的汽车业发展在动荡的大背景下并没能发展起来，但也体现了中华儿女不屈的精神和对发展汽车工业的渴望，培养和保留了有一定经验的技术人才。1920年，孙中山先生在《建国方略》中就提出了使用汽车、建造公路、建立汽车工厂和供给廉价燃料的全面设想，而这一切在中华人民共和国成立后逐渐得以实现。

1.2.2 中国汽车工业的初创

1949—1953年，中央展开了一系列建设汽车制造厂的准备工作，兴建第一汽车制造厂（以下简称"一汽"）被列入了发展国民经济的第一个五年计划。

1953年7月15日，一汽在长春动工兴建。经过全国各界的不懈努力，于1956年正式竣工投产。毛主席为第一汽车制造厂题字如图1-1所示。1956年7月14日，总装线开出第一批12辆"解放牌"汽车（图1-2），这批汽车进行了为期41天的道路测试，实验结果证明汽车的装配质量、动力性、经济性、耐用性符合设计要求。解放牌汽车的投产标志着一汽的建成，也成为中国汽车工业的开始。1958年8月，第一辆红旗牌CA72高级轿车试制成功。红旗CA72前格栅采用扇子造型，尾灯采

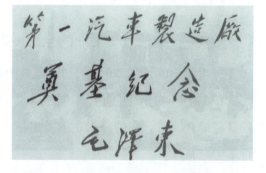

图1-1 毛主席为第一汽车制造厂题字

图1-2 "解放牌"汽车

用了宫灯式造型，整车造型庄重大方，将中国的传统美学与现代汽车进行了完美的融合。

全国各地也陆续开始制造汽车，自力更生发展汽车工业。到1965年，除长春外，逐渐形成南京、上海、北京、济南四个新的汽车生产基地，一批各具特色的汽车零部件生产厂点也随之发展起来，填补了新中国汽车品种的空白，对缓解交通运输紧张做出了贡献。

1.2.3 中国汽车工业的成长

为了满足国民经济发展和国防建设的需要，这一时期我国在三线地区先后建设起第二汽车制造厂、四川汽车制造厂和陕西汽车制造厂三个不同规模、以军用汽车为主的汽车生产基地，客观上调整了汽车工业的总体布局。

此外，全国各地出现了自行组织汽车生产的局面。小生产、"小而全"的格局带来了一些产品重复、厂点分散的问题，但也催生出一些国内急需的新车型，同时带动起一大批新的零配件和相关行业的生产厂点，为我国多地汽车工业的发展创造了条件。

1.2.4 中国汽车工业的全面发展

20世纪70年代末80年代初，随着国民经济的快速发展，我国对轿车的需求激增。尤其在1978年12月中共十一届三中全会中国开始实行改革开放政策，人们的生活水平日益提升，对轿车的需求也愈发迫切。在市场的驱动下，一些企业开始筹备和建立轿车生产基地。

1978年，上海提出改造上海汽车工业，引进汽车生产线形成年产万辆轿车生产能力的设想。随后上海汽车制造厂开始按合资经营项目与外商进行洽谈。1982年6月，中德双方签署了100辆桑塔纳轿车CKD（散件组装）协议和购货合同。截至1985年上海大众正式成立前，共组装生产2517辆桑塔纳。上海大众正式成立之后快速推进国产化进程，在上海大众公司和各配套厂的努力下，桑塔纳项目在1996年实现了100%国产，培养了一大批优质的汽车零配件供应商。这些供应商逐步发展为汽车零部件头部企业，为中国汽车工业的崛起打下了基础。

当上海大众还在组装桑塔纳时，北京汽车制造厂与美国汽车公司（AMC）在1983年5月成立了北京吉普汽车公司，成为中国第一家汽车合资公司。1985年3月，广州汽车公司与法国标致汽车公司合资成立了广州标致汽车公司。

在合资项目如火如荼之时,其他形式的轿车项目也在快速发展。1984年,天津汽车工业公司和日本大发工业株式会社签订协议,引进了850系列微型汽车和Charade 1.0轿车的产品和技术。1988年,一汽引进了奥迪100车型的技术转让。在合资、技术引进快速发展的同时,1981年5月14日,《人民日报》刊出了红旗轿车"停产令";1991年11月25日,最后一辆上海牌轿车盛装下线,33年一共生产了79000多辆的上海牌轿车从此成为历史。

1990年,河北保定人魏建军接手了一家负债200万元的乡镇企业——从事汽车改装的长城汽车工业公司;1996年,在一汽造车一线干了十来年的尹同跃,接到了来自家乡安徽芜湖的邀请,南下加入奇瑞;1998年,李书福在自己的摩托车工厂里悄悄造出了第一辆轿车"吉利豪情"。

2001年,我国正式加入WTO,当时人们充满了对进口汽车冲击国产汽车的恐慌,但这样的危机并没有发生。有了前期逐步打下的基础,也伴随着我国国力的飞速发展,我国汽车产业随着我国汽车市场的快速释放进入了发展的快车道。2009年,我国汽车产销量分别为1379.10万辆和1364.48万辆,同比增长48.30%和46.15%,我国汽车产销量首次超越美国,跃居全球第一,这一成绩一直保持至今。

2015年,我国开始大力推广新能源汽车的落地,成为全球汽车产业向新能源转型的主要推进方之一。

1.2.5 新能源汽车的发展历程

1. 起步阶段

我国新能源汽车的发展可以追溯到20世纪80年代,当时我国政府开始关注新能源汽车的研发。在20世纪90年代,我国开始投入大量资源进行新能源汽车的研发,并开始建立相关的政策体系。在这个阶段,我国政府主要通过补贴和政策支持来推动新能源汽车的发展。

2. 发展阶段

随着我国经济的快速发展和城市化进程的加速,我国政府进一步加大了对新能源汽车的投入和支持。我国出现了一些具有代表性的新能源汽车企业,如比亚迪、吉利等。这些企业推出了一些具有市场竞争力的新能源汽车产品,如混合动力汽车、纯电动汽车等。

3. 创新阶段

随着技术的不断进步和市场的不断扩大,我国新能源汽车企业开始进入创新阶段,在新能源汽车技术方面进行大量投入和研究,推出了一系列具有自主知识产权的新能源汽车产品和技术。例如,比亚迪推出"秦"系列纯电动汽车,吉利推出"帝豪EV"纯电动汽车等。

4. 繁荣阶段

在这个阶段,我国新能源汽车的产销量迅速增长,市场占有率也不断提高。同时,我国政府也开始加大对新能源汽车基础设施的投入,如充电桩建设等。

5. 政策推动

发展新能源汽车是我国从汽车大国迈向汽车强国的必由之路,是应对气候变化、推动绿色发展的战略举措。自2012年国务院发布《节能与新能源汽车产业发展规划（2012—2020年）》以来,我国坚持纯电驱动战略取向,新能源汽车产业发展取得了巨大成就,成为世界汽车产业发展转型的重要力量之一。与此同时,我国新能源汽车发展也面临核心技术创新能力不强、质量保障体系有待完善、基础设施建设仍显滞后、产业生态尚不健全、市场竞争日益加剧等问题。为推动新能源汽车产业高质量发展,加快建设汽车强国,我国制定了《能源汽车产业发展规划（2021—2035年）》。

6. 技术进步

在新能源汽车发展过程中,技术进步是推动发展的重要因素之一。随着电池技术、驱动技术等关键技术的不断突破,新能源汽车的续驶里程、性能和安全性等方面得到了显著提升。同时,充电技术的进步也使得充电更加便捷和快速。这些技术进步为新能源汽车的市场推广和普及奠定了坚实的基础。

7. 部分国产新势力汽车品牌

（1）小鹏汽车

小鹏汽车成立于2014年,总部位于广州。公司专注于针对一线城市年轻人的互联网电动汽车的研发,第一款量产车的目标是一辆时尚、跨界的电动SUV。

（2）蔚来汽车

蔚来汽车成立于2014年11月。蔚来是一家全球化的智能电动汽车公司,致力于通过提供高性能的智能电动汽车与极致用户体验,为用户创造愉悦的生活方式。

（3）理想汽车

理想汽车于2015年7月创立，总部位于北京，自有的生产基地位于江苏常州。理想汽车是一个豪华智能电动车品牌，以创造移动的家，创造幸福的家为使命。2018年10月公司推出了首款新能源车型——理想ONE，它搭载了领先的增程电动技术与智能科技。

（4）威马汽车

威马汽车成立于2015年12月，是新兴的新能源汽车产品及出行方案提供商，基于全球人才、科技、研发、制造及产业链资源，专注于为消费者提供完善、便捷、舒适的出行体验。

（5）哪吒汽车

哪吒汽车是合众新能源汽车股份有限公司旗下的汽车品牌，其母公司合众新能源创立于2014年10月，秉持"电动化、智能化、网联化"的发展理念，让高品价比的智能电动汽车触手可及。

（6）领克汽车

2017年8月4日，由吉利控股集团、吉利汽车集团与沃尔沃汽车签订合资协议，领克汽车成为三方合资品牌，合资公司正式成立。领克具有与生俱来的全球化基因，它诞生于互联网时代，将互联网思维与传统汽车工业相融合。

（7）比亚迪汽车

比亚迪股份有限公司创立于1995年，总部位于广东省深圳市。业务布局涵盖电子、汽车、新能源和轨道交通等领域，是我国新能源汽车领域引领者。

（8）极狐

极狐（ARCFOX）是北京新能源汽车股份有限公司旗下的高端智能新能源汽车品牌。极狐品牌，全称为ARCFOX，隶属于北京蓝谷极狐汽车科技有限公司，致力于打造高性能赛车、中高端智能家用车以及无人驾驶智能终端的家族化产品矩阵。该品牌通过联合戴姆勒、麦格纳、华为等全球顶级资源，发布了全球首个商业搭载5G技术的平台——IMC智能模块标准架构。极狐品牌自2016年成立以来，已经推出了多款车型。

（9）零跑汽车

零跑汽车是浙江零跑科技股份有限公司旗下的科技型智能电动汽车品牌，创立于2015年12月，总部位于浙江省杭州市滨江高新开发区。其业务范围涵盖智能电动汽车整车设计、研发制造、智能驾驶、电机电控、电池系统开发以及基于云计算的车联网解决方案。

（10）广汽埃安

广汽埃安新能源汽车股份有限公司（简称"广汽埃安"）成立于2017年7月，是广汽集团发展智能网联新能源汽车的战略核心载体。一直坚持"EV(纯电动)+ICV(智能网联)"，坚持创新引领，建成了国内首家新能源纯电专属工厂。

（11）魏牌

魏牌成立于2016年，是长城汽车聚集1600多人的国际研发团队历时四年打造出的豪华SUV品牌。品牌创始人魏建军先生用自己的姓命名一个品牌，实现中国豪华SUV从无到有的开创。

（12）合创汽车

合创汽车成立于2018年4月，由珠江投管集团、广汽集团和蔚来汽车共同投资，是一个具有前瞻性出行生态布局的新能源高级品牌，目标为用户提供居住和工作场所之外的智能"第三空间"，共享愉悦的智慧出行体验。

（13）欧拉汽车

欧拉汽车创立于2018年，是长城旗下的电动汽车品牌，也是我国主流自主车企中第一个独立的新能源汽车品牌。其品牌定位是"更爱女人的汽车品牌"，致力于建立行业对待女性用户的正确价值观。

（14）高合

高合是华人运通旗下豪华智能纯电品牌，于2019年7月31日正式发布，用全新的视角和框架打造出行工具，定义智能汽车新品类。2020年9月25日，高合HiPhi X在北京车展期间全球上市。2021年5月8日，高合HiPhi X按既定计划正式批量交付用户。

（15）BEIJING汽车

BEIJING是北汽新能源和北京汽车共同推出的品牌，于2019年10月发布。作为北汽最重要的自主乘用车核心平台，BEIJING品牌将全面实施新能源化与智能网联化"双轮驱动"战略，打造基于传统燃油和新能源车全覆盖的产品谱系，专注于产品的持续向上升级，全面推进智能驾驶、智能网联的深度赋能。

（16）岚图汽车

岚图汽车隶属于世界500强东风汽车集团有限公司，致力于提供零焦虑的高端智能电动体验，为用户创造现代格调的美好生活。2020年7月17日，岚图正式发布品牌标识和中文名。

（17）长安福特

长安福特汽车有限公司成立于2001年4月25日，总部位于重庆市两江新区，由长安汽车股份有限公司和福特汽车公司共同出资成立。首款纯电动SUV车型是野马Mach-E。

（18）星途

星途品牌是奇瑞集团2018年11月发布的，面向全球市场，集中优势资源打造的高端品牌，定位于全球智能新能源高端品牌。2023年，星途2.0阶段的首款车型瑶光以及高性能纯电动产品系列——星纪元的到来，为这个年轻的高端品牌注入了新活力。2024年3月，星途官宣全系车型整车＋二手车终身质保，成为行业唯一首个集团旗下全品牌全系车型整车＋二手车终身质保的汽车企业。

（19）奥特能

奥特能（Ultium）是通用汽车第三代全球电动车平台。2021年9月14日，通用汽车正式向我国市场推出奥特能电动车平台。作为通用汽车全面电动化的基石，它整合了通用汽车26年的电气化经验和前瞻的技术优势，为纯电车型带来更性能、更安全、更智能的技术保障。

（20）爱驰汽车

爱驰汽车创立于2017年，是一家国际化的智能新能源汽车公司，也是一家用户深度参与的智能出行服务公司，致力于以全球化智能科技，持续改善用户的出行体验，成为我国新能源汽车全球化的先行者。

（21）腾势汽车

腾势（DENZA）是深圳腾势新能源汽车有限公司（简称"腾势汽车"）推出专注于新能源的汽车品牌。腾势汽车是由比亚迪与世界豪华车制造巨头德国梅赛德斯–奔驰共同设立的合资企业，成立于2010年，总部位于广东省深圳市。

（22）阿维塔

阿维塔是由长安汽车、华为、宁德时代三方联合打造的高端智能电动品牌。这三方分别在整车研发智造、智能汽车解决方案和智慧能源生态领域为阿维塔科技赋能，三方共同开创领先的全新一代智能电动汽车技术平台CHN，具备"新架构、强计算、高压充电"三大特征。

（23）问界

问界是赛力斯集团股份有限公司与华为合力打造的全新高端新能源汽车品牌，华为从产品设计、产业链管理、质量管理、软件生态、用户经营、品牌营销、销售渠道等方面全流程为问界提供了支持，双方在长期的合作中发挥优势互补，开创了联合业务、深度跨界合作的新模式。

（24）洛轲智能

2021年1月，ROX洛轲智能正式在上海成立。洛轲智能是一家聚焦智能汽车创新的科技公司，深度赋能传统汽车进行智能化升级，不断提升户外出行体验。ROXMatrix系统由ROX智能底盘和ROX智能座舱组成，拥有更强的感知、计算和执行能力，深度满足户外智能需求。

（25）小米汽车

2021年9月1日，小米汽车有限公司注册成立。2021年11月27日，北京经济技术开发区管委会与小米正式签订合作协议，正式宣布小米汽车落户北京经开区。2024年3月，小米SU7上市。

（26）自游家

2021年，火星石与大乘汽车联合推出高端智能新能源汽车品牌——自游家（NIUTRON）汽车。自游家汽车依托火星石的GEMINI双子动力模块，采用模块化设计理念，可全面兼容纯电系统和增程系统，打造多款车型。2022年10月8日，自游家NV正式上市，新车共推出3款配置车型。

思考与练习

一、选择题

1. 第一辆汽车的发明者是（　　）。【单选题】
   A. 福特　　　　　　　　　B. 莱特兄弟
   C. 卡尔·本茨　　　　　　D. 亨利·福特

2. 下列哪个品牌不属于德国汽车公司？（　　）【单选题】
   A. 宝马　　　　　　　　　B. 奥迪
   C. 雪佛兰　　　　　　　　D. 大众

3. 世界汽车工业第二次巨大变革，欧洲通过（　　）使得世界汽车工业的发展中心从美国转到欧洲。【单选题】
   A. 性能、安全性等改进，品牌多样化
   B. 装配流水线出现
   C. 精益的生产方式
   D. 内燃机的发明

4. 第一辆电动汽车是哪一年发明的？（　　）【单选题】
   A.1834年　　B.1879年　　C.1900年　　D.1912年

5. 下列哪个品牌属于法国汽车公司？（　　）【单选题】
   A. 雪铁龙　　B. 福特　　C. 本田　　D. 宝马

二、问答题

1. 请简述汽车发展史上的三个重要阶段，并说明每个阶段的特点。
2. 简述新能源汽车的发展历程。
3. 请列举三个你认为在汽车技术发展史上具有重要意义的发明或创新，并说明理由。

02

第 2 章
汽车品牌展示

微课 3

2.1 经典民族品牌

中华人民共和国成立后，逐步建立了自己的民族汽车工业。改革开放以来，我国汽车工业迅速发展，民族汽车品牌不断涌现。面对汽车新技术革命的发展机遇和挑战，我国正逐步从世界汽车生产大国迈入汽车制造强国的行列。

2.1.1 中国第一汽车集团有限公司

中国第一汽车集团有限公司（原第一汽车制造厂，简称"中国一汽"或"一汽"）是国有特大型汽车企业集团。1953年7月15日，一汽破土动工，新中国汽车工业从这里起步。2011年6月28日，一汽进行主业重组，成立中国第一汽车股份有限公司。

图 2-1　一汽车标

一汽车标（图2-1），以"1"字为视觉中心，代表一汽打造一流车企的发展愿景和追求第一的企业精神；由"汽"字构成展翅雄鹰的形态，标志一汽充满积极向上、奋斗奋进的力量。

1. 一汽解放集团股份有限公司

一汽解放集团股份有限公司原名为一汽轿车股份有限公司，于1997年6月10日在长春高新技术产业开发区成立，是一汽的控股子公司，是一汽发展自主品牌乘用车的核心企业，主营业务为开发、制造和销售乘用车及其配件。车型有奔腾B70（图2-2）、红旗H5（图2-3）等。

2. 一汽大众汽车有限公司

一汽大众汽车有限公司于1991年2月8日正式成立，位于长春市西南部，是由中国第一汽车集团公司和德国大众汽车股份公司、奥迪汽车股份公司及大众汽车（中国）投资有限公司合资经营的大型乘用车生产企业，是我国第一个按经济规模起步建设的现代化乘用车工业基地。公司主要生产大众集团旗下大众和奥迪两大品牌乘用车。

图 2-2　一汽奔腾 B70

图 2-3　一汽红旗 H5

一汽大众目前生产和销售奥迪和大众两大品牌多系列产品。其中，奥迪品牌车型有 A3 Sportback、A4L、A6L（图 2-4）、A8L、Q3、Q4 e-tron、Q5L、Q7 等产品系列；大众品牌车型有高尔夫（图 2-5）、CC、速腾、宝来、迈腾、揽巡、揽境、探歌、探岳、ID.7、ID.4 等产品系列。一汽大众是我国成熟的 A、B、C 全系列乘用车生产企业。

图 2-4　一汽奥迪 A6L

图 2-5　一汽大众高尔夫

3. 天津一汽丰田汽车有限公司

天津一汽丰田汽车有限公司（简称"一汽丰田"）的前身为 2000 年 6 月成立的天津丰田汽车有限公司，2002 年 6 月"天一重组"后，一汽集团与丰田汽车公司在北京人民大会堂签署了"8·29"战略合作协议，将天津丰田纳入整体合作框架之中。

公司的主导产品是亚洲龙、亚洲狮、卡罗拉（图 2-6）、bZ3、普拉多（图 2-7）、荣放、凌放、bZ4X 等。

图 2-6　一汽丰田卡罗拉

图 2-7　一汽丰田普拉多

4. 一汽解放汽车有限公司

一汽解放汽车有限公司是一汽解放集团股份有限公司的全资子公司，成立于2003年1月，是中、重、轻型载货汽车及客车制造企业，总部位于吉林省长春市。公司主导产品是解放品牌的中重型系列载货汽车，具有完全自主知识产权，产品涵盖牵引车、自卸车、轻型货车、中型货车、重型货车、搅拌车、邮政车等品种。图2-8和图2-9为两款重型货车车型。

图2-8　一汽解放J6

图2-9　一汽解放J5M

2.1.2　东风汽车集团股份有限公司

东风汽车集团股份有限公司前身为第二汽车制造厂，成立于1969年9月。2000年，东风汽车公司进行债务重组，与中国华融资产管理公司、中国信达资产管理公司、中国东方资产管理公司、中国长城资产管理公司和国家开发银行共同组建东风汽车有限公司。2001年4月，东风汽车有限公司宣告成立，后变更为东风汽车集团股份有限公司。

东风汽车集团股份有限公司主要从事商用车、乘用车及汽车发动机、零部件的生产和销售业务，装备制造业务，金融业务以及与汽车相关的其他业务。

图2-10　东风车标

东风汽车的双飞燕标志（图2-10），形象地寓意了东风人的精神和品质。燕子是春天里最常见也最具亲和力的飞鸟，它能够翱翔万里，不怕狂风暴雨，矫健、灵智、勇敢、顽强，体现了东风人为发展我国汽车工业自强不息、进取不止、锲而不舍的精神。

1. 风神汽车有限公司

风神汽车有限公司是由东风汽车集团股份有限公司、广州京安云豹汽车有限公司、台湾裕隆汽车公司（台湾省第一大汽车制造厂）三家股东共同组建的，由东风汽车公司控股的国内合资汽车公司。

风神汽车公司主要生产风神自主品牌系列轿车及其发动机，包括风神 E70、风神 L7（图 2-11）、SKYEV01、E70 PRO、皓极、皓瀚、奕炫（图 2-12）等车型。

图 2-11　东风风神 L7　　　　　　　　图 2-12　东风风神奕炫

2. 神龙汽车有限公司

神龙汽车有限公司是中国东风汽车集团股份有限公司与法国标致雪铁龙集团合资兴建的轿车生产经营企业。神龙汽车有限公司是国家首批按经济规模规划建设的三大乘用车生产制造工业基地之一，实行"一个公司、两个品牌"的经营模式，营销总部位于湖北武汉，东风标致商务部总部设在北京，东风雪铁龙商务部总部设在上海。东风雪铁龙品牌，主张以"人性科技、创享生活"为核心价值，目前拥有 C6、C4L、天逸（图 2-13）、C3-XR 等车型系列产品；东风标致品牌，秉承"同心同行、标新致远"的品牌理念，目前拥有 408、508、4008、5008、408X、508L（图 2-14）等车型系列产品。产品线覆盖高端、中高端、经济型及 SUV 多个乘用车细分市场。

图 2-13　东风雪铁龙天逸　　　　　　　　图 2-14　标致 508L

3. 东风日产乘用车公司

东风日产乘用车公司（简称"东风日产"）成立于 2003 年 6 月 16 日，是东风汽车有限公司旗下重要的乘用车板块，从事乘用车研发、采购、制造、销售、服务业务，是国内为数不多的具备全价值链的汽车生产企业之一。

2010 年 9 月，东风日产正式发布自主品牌"启辰"。启辰的诞生，标志着东风日产已进入"双品牌"运营阶段。目前，NISSAN 品牌旗下拥有天籁（图 2-15）、楼兰（图 2-16）、奇骏、逍客、轩逸、骐达等多款畅销车型。自主品牌启辰旗下拥有 T60、T60EV、D60、D60EV、VX6、大 V、启辰星等车型。东风日产已形成高端品类、旗舰品类、家轿品类、时尚动感品类和 SUV 品类五大品类车型布局，是行业内车型最多、产品线最完整的企业之一。

图 2-15　东风日产天籁　　　　　　　图 2-16　东风日产楼兰

4. 东风本田汽车有限公司

东风本田汽车有限公司是由东风汽车集团股份有限公司、本田技研工业（中国）投资有限公司、日本本田技研工业株式会社共同出资组建的整车生产经营企业。公司成立于 2003 年 7 月 16 日。

公司自成立以来，陆续导入 CR-V 思威、思域、思铂睿（图 2-17）等车型，自主研发思铭、艾力绅、音赛特、杰德（图 2-18）等车型。

图 2-17　东风本田思铂睿　　　　　　图 2-18　东风本田杰德

5. 东风悦达起亚汽车有限公司

东风悦达起亚汽车有限公司是由东风汽车集团股份有限公司、江苏悦达投资股份有限公司、韩国起亚自动车株式会社按25%、25%、50%的股份结构共同组建的中外合资轿车制造企业。

东风悦达起亚汽车有限公司的主产品包括K3、K5（图2-19）、索奈（图2-20）、EV5、EV6、赛图斯、狮铂拓界、嘉华、智跑、奕跑等车型。

图2-19　东风悦达起亚K5

图2-20　东风悦达起亚索奈

2.1.3　中国长安汽车集团有限公司

中国长安汽车集团有限公司（简称"中国长安"）成立于2005年12月，是中国南方工业集团公司、中国航空工业集团公司对旗下汽车产业进行战略重组、共同成立的一家特大型企业集团，是中国四大汽车集团之一，总部位于北京。

中国长安形成了汽车零部件、汽车销售与服务、汽车物流三大产业布局，拥有强大的整车制造和零部件供应能力，业务覆盖汽车全产业链。汽车销售服务业务涵盖汽车销售与延伸、后市场和新业务，旗下包括长安汽车、长安福特、长安马自达等品牌。

1. 重庆长安汽车股份有限公司

重庆长安汽车股份有限公司简称"长安汽车"，1984年正式进入汽车行业。

长安汽车的车标（图2-21）寓意：以"V"为核心创意表现，雄浑刚健的V形，好似飞龙在天，龙首傲立于蓝色地球之上，同时又是Victory和Value的首字母，代表着中国长安致力于打造世界一流企业的战略愿景和

图2-21　长安车标

为消费者与股东创造价值的企业责任感。刚柔并济的 V 形，也恰似举起的双手，传递出长安汽车科技创新、关爱永恒的价值追求。

长安汽车旗下有启源、UNI（UNI-Z 车型如图 2-22 所示）Lumin、CS、逸动（图 2-23）、X、RAETON、皮卡等系列产品。

图 2-22　长安 UNI-Z

图 2-23　长安逸动

在新能源汽车领域，长安启源、深蓝汽车、阿维塔组成的三大新能源智能化品牌，从品牌层面构成了一个"黄金三角"，加速长安汽车向智能低碳科技出行公司转型。

2. 长安福特汽车有限公司

长安福特汽车有限公司成立于 2001 年 4 月 25 日，总部位于重庆，由重庆长安汽车股份有限公司和福特汽车公司共同出资成立，是一家具有传统油车及新能源汽车，集开发、制造和销售于一体的大型综合性现代化汽车企业。长安福特以"创造卓越产品，成就品质生活"为使命，创造智行、智擎、智联的汽车。目前长安福特生产和销售的主要车型有：锐际、蒙迪欧（图 2-24）、锐界（图 2-25）、探险者、领睿、领裕等。

图 2-24　长安福特蒙迪欧

图 2-25　长安福特锐界

3. 长安马自达汽车有限公司

长安马自达汽车有限公司由重庆长安汽车股份有限公司、马自达株式会社、中国第一汽车股份有限公司、马自达（中国）企业管理有限公司出资组建，是一家集研发、制造和销售为一体的整车制造型企业。旗下拥有MAZDA3昂克赛拉（图2-26）、MAZDA CX-30、MAZDA CX-5、MAZDA CX-50行也（图2-27）、MAZDA EZ-6五大系列车型。

图2-26　长安MAZDA3昂克赛拉　　　　图2-27　长安MAZDA CX-50行也

2.1.4　上海汽车集团股份有限公司

上海汽车集团股份有限公司（简称"上汽集团"）作为国内规模领先的汽车上市公司，主要业务包括整车（含乘用车、商用车）的研发、生产和销售，积极推进新能源汽车、互联网汽车的商业化，开展智能驾驶等技术的研究和产业化探索；零部件（含动力驱动系统、底盘系统、内外饰系统，以及电池、电驱、电力电子等新能源汽车核心零部件和智能产品系统）的研发、生产、销售；物流、汽车电商、出行服务、节能和充电服务等移动出行服务业务；汽车相关金融、保险和投资业务；海外经营和国际商贸业务；并在产业大数据和人工智能领域积极布局。

上汽集团所属主要整车企业包括智己汽车、上汽乘用车分公司、飞凡汽车、上汽大众、上汽奥迪、上汽通用、上汽通用五菱、上汽大通、南京依维柯、上汽轻卡、上海申沃等。

2021年，上汽集团正式对外发布全新企业Logo（图2-28），图案整体由三个部分组成——外圈圆、SAIC、横线，三者最外缘落在三道同心圆上，加强视觉整体感，整体图形设计更加简洁，同时还使用了扁平化以及圆角设计，代表了全新的定义：理念——日出东方，全能源，全球化；风格——智能（Smart），跃动（Dynamic），进取（Proactive），创新（Innovative）。

图2-28　上汽车标

1. 上汽集团乘用车公司

上汽集团乘用车公司承担着上汽自主品牌汽车的研发、制造与销售。目前，乘用车公司拥有荣威和 MG 两大品牌，形成共六大系列、30 多个品种的产品矩阵，涵盖了中高级车、中级车、大众普及型车及跑车等宽泛领域。

（1）荣威

"荣威"是中国汽车工业的第一个国际化品牌，"贵雅亦激情"的品牌口号与其经典、创新和自主掌控的品牌核心价值表达了上汽集团以国际化的视野、创新的理念传承国际汽车的先进技术，打造国际品牌新经典的决心和信心。

荣威车标（图 2-29）的寓意：车标去掉了原有的金、红、黑配色，改用单色并采用了扁平化的设计。标识中两只站立的东方雄狮护卫着华表，具有高瞻远瞩，祈福社稷繁荣、和谐发展的寓意。图案下方是用现代手法绘成的字母 RW 的融合，是品牌名称的缩写。

荣威代表车型有荣威 i5（图 2-30）、RX5、RX9、D5X DMH、D7 DMH 等。

图 2-29　荣威车标

图 2-30　荣威 i5

（2）MG

MG（名爵）是全球知名的英国汽车品牌，于 1924 年成立于英国牛津。MG 的发展史是英国乃至世界汽车工业发展史最重要的一部分，《大英百科全书》就是用 MG 来定义跑车的。MG 自 2007 年起收归上汽集团。作为中国人掌控的国际品牌，MG 遵循上汽"电动化、智能网联化、共享化、国际化"的新四化战略，以赛道基因、时代基因和感性力设计基因打造产品。

MG 车标（图 2-31）的寓意："MG"取自创始人威廉·莫里斯（William Morris）在 1910 年创立的 Morris Garages（莫里斯车行）首字母。标志以黑色色调为主，以年轻人渴望的沉浸式体验、破界创造力、共创激情为创作灵感，通过细化边框、优化内部、放大内部标识等整体结构优化，使得视觉感知更加扁平、年轻且富有智能感，不仅直观呈现了多元的品牌人格，也让每一个年轻人都能找到自己的场景归属。

MG 代表车型有 MG5、MG6、MG7（图 2-32）、MG ONE、MG4 EV、Cyberster 等。

图 2-31　MG 车标

图 2-32　MG7

2. 上汽大通汽车有限公司

上汽大通汽车有限公司是上海汽车集团股份有限公司全资子公司。公司成立于 2011 年 3 月 21 日，坐落在上海市杨浦区。

目前，上汽大通旗下产品包括"上汽大通 MAXUS"品牌的 MPV、SUV、房车、宽体轻客、皮卡、新能源产品组合和"上汽跃进"品牌的各类轻、中型货车以及各类特种改装车。上汽大通 V80 车型如图 2-33 所示，G10 车型如图 2-34 所示。

图 2-33　上汽大通 V80

图 2-34　上汽大通 G10

3. 上汽大众汽车有限公司

上汽大众汽车有限公司（简称"上汽大众"）是一家中德合资企业，由上汽集团和大众汽车集团合资经营。公司于 1984 年 10 月签约奠基，是我国历史最悠久的汽车合资企业之一。公司总部位于上海安亭，并先后在南京、仪征、乌鲁木齐、宁波、长沙等地建立生产基地。

上汽大众目前生产与销售大众、奥迪和斯柯达三个品牌多系列产品，覆盖 A0 级、A 级、B 级、C 级、SUV、MPV 等细分市场。其中，大众品牌车型有 Polo、朗逸、凌渡、帕萨特（图 2-35）、辉昂、途观、途昂、途岳、途铠、途安、威然、ID.4X、ID.6X、ID.3（图 2-36）等产品系列；斯柯达品牌车型有明锐、速派、柯迪亚克、柯珞克、柯米克等产品系列；上汽奥迪有 A7L、Q5 e-tron、Q6 等产品系列。

图 2-35　上汽大众帕萨特

图 2-36　上汽大众 ID.3

4. 上汽通用汽车有限公司

上海通用汽车有限公司成立于 1997 年 6 月，由上海汽车集团股份有限公司、通用汽车公司共同出资组建而成。目前拥有浦东金桥、烟台东岳、沈阳北盛和武汉分公司四大生产基地，是中国汽车工业的重要领军企业之一。

上汽通用坚持"以客户为中心、以市场为导向"的经营理念，不断打造优质的产品和服务，目前已拥有别克、雪佛兰、凯迪拉克三大品牌 30 多个系列的产品阵容，覆盖了从高端豪华车到经济型轿车各梯度市场，以及 MPV、SUV、混合动力和电动车等细分市场。别克君威车型如图 2-37 所示，雪佛兰迈锐宝 XL 如图 2-38 所示。

图 2-37　别克君威

图 2-38　雪佛兰迈锐宝 XL

5. 南京汽车集团有限公司

南京汽车集团有限公司的前身是中国人民解放军华东野战军特种纵队修理厂，于 1953 年 3 月 10 日生产出我国第一辆轻型车 NJ130，随之更名为"南京汽车制造厂"。

1995 年 6 月 21 日，南京汽车制造厂更名为"跃进汽车集团公司"。2003 年 8 月 28 日，由跃进汽车集团公司、中国信达资产管理公司、中国华融资产管理公司、江苏省国信资产管理集团有限公司、江苏交通产业集团有限公司五家公司共同出资重组的南京汽车集团有限公司正式成立，简称"南汽"。2005年7月22日，南汽成功收购了英国MG罗孚公司和动力总成公司的资产，为南汽再创辉煌寻求到了新的机遇。2007年12月26日，上海汽车集团正式收购南京汽车集团。南汽拥有名爵（MG5如图2-39所示）、南京依维柯（图2-40）、跃进、南汽四大品牌系列产品。

图 2-39　MG5　　　　　　　　图 2-40　南京依维柯

6. 上汽通用五菱汽车股份有限公司

上汽通用五菱汽车股份有限公司（简称"上汽通用五菱"）前身为1958年成立的柳州动力机械厂，2002年11月18日，由上海汽车集团股份有限公司、通用汽车（中国）投资有限公司、柳州五菱汽车有限责任公司合资组建。公司全面实施通用汽车全球制造体系（GMS），形成了商用车、家用车、乘用车三大系列和微小型车用发动机的生产格局。

上汽通用五菱拥有五菱和宝骏两个高价值汽车品牌。五菱品牌不忘初心，要造人民买得起、用得上、用得好的产品，主要车型有五菱星光、五菱缤果、五菱宏光S（图2-41）和五菱宝骏KiWi EV（图2-42）等；宝骏品牌以"年轻、科技、向上"为标签，致力于成为新能源"民心"科技的普及者，主要车型有宝骏悦也Plus、宝骏悦也、宝骏云朵等。

图 2-41　五菱宏光 S　　　　　　图 2-42　五菱宝骏 KiWi EV

2.1.5 北京汽车集团有限公司

北京汽车集团有限公司（简称"北汽集团"）（图2-43）是中国汽车行业的骨干企业，初创于1958年，总部位于北京。北汽集团产业链涵盖整车及零部件研发制造、汽车服务贸易、综合出行服务、金融与投资等业务，致力成为具有国际竞争力的汽车制造商和服务提供商。

图 2-43　北汽集团标志

北汽集团旗下拥有自主品牌——极狐汽车（ARCFOX）、北京汽车、福田汽车、北京重卡、昌河汽车、北汽新能源等；合资品牌——北京奔驰、福建奔驰、北京现代、福田戴姆勒等。

1. 北京汽车集团越野车有限公司

1961年开始，北京汽车制造厂先后试制了210、211、212等型号的越野车。1963年3月，210C型轻型越野汽车通过国家第一机械工业部组织的技术鉴定，定名为"北京"牌。1984年1月15日，中国汽车行业第一家合资汽车企业北京吉普正式开业。2019年1月2日，北京汽车集团越野车有限公司正式揭牌成立，北汽越野车板块实现全价值链独立运营。

产品涵盖三大系列：悦野性能系列、悦己户外系列和悦旅出行系列，代表车型有BJ30、BJ60（图2-44）、BJ80（图2-45）、北京新X7、北京X5等。

图 2-44　BJ60

图 2-45　BJ80

2. 北汽福田汽车股份有限公司

北汽福田汽车股份有限公司（简称"福田汽车"）成立于1996年8月，总部位于北京市昌平区，是中国品种最全、规模最大的商用车企业，产品和服务覆盖全球130个国家和地区。公司旗下有欧曼（图2-46）、欧V、风景、奥铃、萨普、风景（图2-47）、海狮和时代汽车等系列品牌，涵盖了商用车中的35吨级以下货车全系列产品、轻客、SUV、皮卡产品及大中型客车系列产品。

图2-46　福田欧曼　　　　　　　　　图2-47　福田风景

3. 北京新能源汽车股份有限公司

北京新能源汽车股份有限公司（简称"北汽新能源"）创立于2009年，是我国首个获得新能源汽车生产资质的新能源汽车企业，主要生产纯电动乘用汽车、混合动力汽车、新能源汽车和新能源汽车动力模块，形成了EC、EU、ES、EV、EX、EH六大产品系列。

公司已经推出EU5（图2-48）、EU7、EU260、EX5（图2-49）、EX260、EX360、EC180、EC200、EV160、EV200、EH300等纯电动乘用车。

图2-48　北京EU5　　　　　　　　　图2-49　北京EX5

4. 北京现代汽车有限公司

2002年10月，北汽集团与韩国现代汽车集团共同组建了我国加入WTO后汽车领域第一家中外合资企业——北京现代汽车有限公司（简称"北京现代"），被确定为振兴北京现代制造业、发展首都经济的龙头项目和示范工程,其经营范围为设计、开发、生产和销售乘用车、RV、载重货车、发动机及其零部件,以及为合资公司生产并销售的产品提供售后及其他相关业务。

北京现代的主要产品包括途胜、索纳塔(图2-50)、胜达、沐飒(图2-51)、伊兰特等,覆盖A级、B级及SUV等多个细分市场。

图2-50　北京现代索纳塔

图2-51　北京现代沐飒

5. 北京奔驰－戴姆勒·克莱斯勒汽车有限公司

2005年8月8日,北京奔驰－戴姆勒·克莱斯勒汽车有限公司(简称"BBDC")正式成立,其前身是创立于1983年5月的北京吉普汽车有限公司。

BBDC主要生产梅赛德斯－奔驰E级和C级两大系列轿车、克莱斯勒、JEEP等众多国际知名品牌的轿车和越野汽车。奔驰E-Class L如图2-52所示,JEEP牧马人如图2-53所示。

图2-52　奔驰E-Class L

图2-53　JEEP牧马人

2.1.6　广州汽车集团股份有限公司

广州汽车集团股份有限公司(简称"广汽集团")是一家大型国有控股股份制汽车企业集团。1997年6月,广州汽车集团有限公司成立,2005年改制,成立广汽集团。

广汽集团的主营业务涵盖研发、整车、零部件、能源及生态、国际化、商贸与出行、投资与金融等七大板块，集团坚持自主创新与合资合作共同发展，旗下拥有广汽乘用车、广汽埃安两个自主品牌汽车企业，广汽本田、广汽丰田、广汽日野、广汽比亚迪等合资合作汽车企业，以及五羊-本田摩托车公司，为顾客提供覆盖乘用车、商用车、摩托车领域的高品质产品。

图 2-54　广汽车标

广汽集团的车标（图 2-54）寓意：由广汽集团英文缩写 GAC 的首字母 G 演绎而成，外圆象征路路畅通，也代表着全球化、英才、荣耀、卓越和信诺，内延是指广汽集团努力攀登高峰。

1. 广汽乘用车有限公司

广汽乘用车有限公司（简称"广汽乘用车"）是广汽集团的全资子公司，成立于 2008 年 7 月 21 日。作为广汽集团自主品牌乘用车项目的实施载体，主要致力于生产销售具有国际先进水平的传祺品牌整车，为国家高新技术企业。广汽传祺品牌坚守"品质、安全、创新、愉悦"四大核心价值，有传祺新能源、HEV、SUV、MPV、轿车等。其中传祺 GS4 如图 2-55 所示，传祺 E9 如图 2-56 所示。2010 年 12 月，自主研发的首款中高级轿车传祺上市，2011 年销售 1.7 万辆，创下自主品牌单一中高级车型上市首年最好成绩。

图 2-55　广汽传祺 GS4

图 2-56　广汽传祺 E9

2. 广汽本田汽车有限公司

广汽本田汽车有限公司（简称"广汽本田"）成立于 1998 年 7 月 1 日，是由广州汽车集团股份有限公司、本田技研工业株式会社和本田技研工业（中国）投资有限公司共同投资建设和经营的合资公司，合资年限为 30 年。目前共有 Honda、理念和 Acura

（讴歌）三大产品品牌，雅阁（图2-57）和雅阁锐·混动、奥德赛和奥德赛锐·混动、飞度（图2-58）、冠道、皓影、凌派、缤智等车型。

图2-57　广汽本田雅阁

图2-58　广汽本田飞度

3. 广汽丰田汽车有限公司

广汽丰田汽车有限公司成立于2004年9月1日，是由广州汽车集团股份有限公司和日本丰田汽车公司共同投资建设和经营的产业，生产车型包括凯美瑞（图2-59）、汉兰达（图2-60）、C-HR、威飒、威兰达、埃尔法、雷凌等。

图2-59　广汽丰田凯美瑞

图2-60　广汽丰田汉兰达

2.1.7　其他汽车公司

1. 比亚迪股份有限公司

比亚迪股份有限公司创立于1995年，是一家致力于"用技术创新，满足人们对美好生活的向往"的高新技术企业。业务布局涵盖电子、汽车、新能源和轨道交通等领域。2003年，比亚迪从IT电池领域进入汽车制造业，并快速成长为最具创新的新锐民族自主汽车品牌，更以独特技术领先全球电动车市场。比亚迪成功推出了太阳能电站、储能电站、纯电动车，引领着全球新能源的变革。

比亚迪汽车的车标（图2-61）BYD首先代表了比亚迪的名称首字母，简洁明了；

其次传达了比亚迪公司的理念和精神——Build Your Dreams，即"打造你的梦想"。

比亚迪旗下汽车品牌系列包括王朝系列汉（图 2-62）、唐、秦、宋、元和海洋系列的海豚（图 2-63）、海鸥、海狮 07EV、海豹、护卫舰 07、驱逐舰 05 等。

图 2-61　比亚迪车标

图 2-62　比亚迪汉　　　　　　　　图 2-63　比亚迪海豚

2. 奇瑞汽车股份有限公司

奇瑞汽车股份有限公司（简称"奇瑞汽车"）成立于 1997 年，始终坚持自主创新，致力于为全球消费者带来高品质汽车产品和服务体验，是国内最早突破百万销量的汽车自主品牌。奇瑞汽车一切以用户为中心，业务遍布全球 80 多个国家和地区。2023 年奇瑞销售汽车 188.1 万辆，其中出口超过 93.7 万辆。坚持"技术立企"是奇瑞汽车发展战略的核心。经过 20 多年的不断努力，奇瑞汽车在深耕传统燃油车赛道的基础上，加快布局新能源、智能网联、共享出行、平台与生态等新赛道。奇瑞乘用车业务已形成混动、增程、纯电、氢能等多条技术路线并举的发展策略，与电池、电机、电控形成"四纵三横"的研发核心布局。

奇瑞车标（图 2-64）的寓意：CAC 即 Chery Automobile Company 的英文首字母缩写，车标将原先立体和金属质感的椭圆形及 A 字图标更改为扁平化风格。将 C 字母调整为圆弧造型，R 字母左侧留出缺口，部分笔画以斜切的方式收尾。不论是从拥抱用户需求，还是传递品牌精神角度来看，都传递出奇瑞跃山而攀、更富精神力和创造力的品牌形象。

图 2-64　奇瑞车标

奇瑞汽车的主要车型有瑞虎系列、艾瑞泽系列（艾瑞泽 8 如图 2-65 所示）、新能源系列和探索系列（探索 06 如图 2-66 所示）。

图 2-65　奇瑞艾瑞泽 8

图 2-66　奇瑞探索 06

3. 浙江吉利控股集团有限公司

浙江吉利控股集团有限公司（简称"吉利控股集团"）始建于 1986 年，1997 年进入汽车行业，2001 年 11 月成为中国首家获得轿车生产资格的民营企业。吉利控股总部设在杭州。2010 年，吉利控股收购沃尔沃轿车公司 100% 的股权。2018 年，吉利控股通过旗下海外企业主体收购戴姆勒股份公司 9.69% 具有表决权的股份，吉利控股成为戴姆勒股份公司第一大股东。

吉利车标（图 2-67）是盾牌形状，属于扁平化的造型，采用粗细相同的线条将盾形划分为六块宝石，减弱了上一代标识的框架并将六个块实心填充，方便制作发光的效果，标志着吉利体系全面向新能源加持，是加速向新能源电气化转型的新起点，同时，标识中间的线条以及底部的轮廓采用圆滑流畅的弧度，在视觉上更加舒适和自然。

图 2-67　吉利车标

吉利控股业务涵盖汽车及上下游产业链、智能出行服务、绿色运力、数字科技等。旗下拥有吉利汽车、领克汽车、极氪汽车、几何汽车、沃尔沃汽车、极星汽车、路特斯汽车、伦敦电动汽车、远程新能源商用车、雷达新能源汽车、曹操出行、礼帽出行等品牌。吉利博越汽车如图 2-68 所示，沃尔沃 XC60 如图 2-69 所示。

图 2-68　吉利博越

图 2-69　沃尔沃 XC60

4. 长城汽车股份有限公司

长城汽车股份有限公司（简称"长城汽车"）前身是 1984 年成立的长城汽车制造厂，1998 年 6 月改制为长城汽车有限责任公司，2001 年 6 月改制成立长城汽车股份有限公司。长城汽车是中国最大的 SUV 制造企业。

长城汽车的车标（图 2-70）寓意是椭圆外形：立足世界，走向中国；烽火台形象：中国传统文化象征；剑锋箭头：充满活力，蒸蒸日上，敢于亮剑，无坚不摧；立体"1"：快速反应，勇争第一。

图 2-70　长城车标

2005 年，长城汽车首次推出哈弗 SUV 品牌。哈弗以英文名"HOVER"寓意自由翱翔的境界，从 2006 年开始批量出口欧盟，公司重新寻找了一个在英文里没有实际意义、全球发音更一致的单

图 2-71　哈弗车标

词"HAVAL"作为哈弗车标（图 2-71）。字体的设计灵感源自中国传统建筑、家具结构工艺——榫卯，表达了对充满智慧、独具匠心的工匠精神的传承与创新。

经过多年的创新发展，长城汽车旗下拥有长城皮卡（风骏 5 如图 2-72 所示）、哈弗（哈弗 H9 如图 2-73 所示）、WEY、欧拉和坦克等品牌，产品包括皮卡、SUV、轿车、越野车以及新能源汽车等。

图 2-72　长城皮卡风骏 5

图 2-73　哈弗 H9

5. 中国造车新势力

随着新能源汽车、智能网联汽车的发展机遇和挑战，以蔚来、理想、小鹏为代表的中国新造车势力开始兴起。

（1）蔚来汽车有限公司

蔚来汽车有限公司成立于2014年11月，2018年8月开始在美国纽约证券交易所挂牌交易。

蔚来汽车的车标（图2-74）寓意：NIO取意 A New Day（新的一天）。"NIO 蔚来"表达了蔚来追求美好明天和蔚蓝天空、为用户创造愉悦生活方式的愿景。Logo 由象征着开放、未来的天空，以及象征着行动、前进的道路组成，诠释了蔚来 NIO 的品牌理念。

图2-74　蔚来车标

2017年4月，在上海车展上蔚来 ES8 汽车首次亮相，旗舰超跑蔚来 EP9 汽车开启预售。2017年12月，NIO ES8 汽车正式上市。2020年7月，NIO EC6 汽车正式上市。2021年12月，蔚来汽车发布中型智能电动轿跑 ET5。2022年12月，蔚来汽车发布新款轿跑 EC7（图2-75）、第二代 ES8（图2-76）以及第三代换电站。2024年5月，正式推出全新品牌"ONVO 乐道汽车"，并发布首款车型乐道 L60。

图2-75　蔚来 EC7

图2-76　蔚来 ES8

（2）理想汽车有限公司

理想汽车有限公司创立于2015年7月，总部位于北京，2020年7月30日开始在美国纳斯达克证券市场正式挂牌交易。

理想品牌名由创始人李想的全名同音词得来，Logo 图形（图2-77）则是以"理"的拼音字母"LI"为造

图2-77　理想车标

型设计,并搭配中文字体"理想"组成,品牌色彩上,采用了稳重具有生命力的深绿色。深绿色象征着广阔的自然和无尽的远方,寓意着品牌旺盛的生命力和勃勃生机。

2019年11月,理想汽车开始量产理想ONE汽车。理想ONE汽车是理想汽车首款电动汽车,是一款六座中大型豪华电动SUV,配备了增程系统及先进的智能汽车解决方案。自2019年12月4日理想ONE正式交付以来,理想汽车仅用12个月零14天就完成了第一个30000辆的交付,创下新造车势力首款车型最快交付纪录。2022年,理想汽车先后发布全新一代车型家庭六座旗舰SUV理想L9(图2-78)和家庭六座豪华SUV理想L8。2023年2月,理想汽车发布家庭五座旗舰SUV理想L7(图2-79)。

图2-78 理想L9

图2-79 理想L7

(3)小鹏汽车有限公司

小鹏汽车有限公司成立于2014年,总部位于广州,2020年8月开始在纽约证券交易所挂牌交易,2021年7月开始在香港联合交易所挂牌交易,旗下有小鹏G3、P7、P5等车型。

2021年11月18日,小鹏汽车公布了全新Logo样式(图2-80)。新Logo依然采用"X"结构,不过旧Logo中四个独立的三角元素左右两两合并,使整体性更强。全新品牌Logo图形向四方延伸,形似一个大写字母X,是从英文单词"explorer"(探索者)中提炼的X字母,表明品牌勇于探索的精神。

图2-80 小鹏车标

2016年9月,小鹏汽车有限公司正式发布了首款车型——小鹏汽车BETA版纯电动SUV。2018年1月,小鹏G3汽车在美国CES国际电子消费展上全球首发。2018年1月,小鹏汽车交付了39辆新车,并成为首家进入乘联会新能源车销量榜的互联网造车企业。2020年4月,小鹏P7汽车(图2-81)正式上市。2021年9月,小鹏

P5 汽车上市。2021 年 11 月，小鹏汽车发布了全新 SUV 车型小鹏 G9。2023 年 4 月，轿跑 SUV 小鹏 G6（图 2-82）首发。

图 2-81　小鹏 P7

图 2-82　小鹏 G6

微课 4

2.2　世界品牌特色

世界著名的车企主要集中在欧洲、亚洲和北美区域，欧洲著名的车企主要有大众汽车公司、戴姆勒－奔驰汽车公司、宝马汽车公司、标致－雪铁龙汽车公司、菲亚特汽车公司、雷诺汽车公司等，亚洲著名的车企主要有日本的丰田汽车公司、本田汽车公司、马自达汽车公司等，北美著名的车企有通用汽车公司、福特汽车公司等。

2.2.1　欧洲著名汽车品牌

欧洲著名的汽车品牌有大众、梅赛德斯－奔驰、宝马、标致－雪铁龙等。

1. 大众汽车集团

大众汽车集团成立于 1938 年，总部位于德国沃尔夫斯堡，是欧洲最大的汽车公司之一，也是世界汽车行业中最具实力的跨国公司之一。

目前，大众汽车公司旗下包括保时捷（德国）、奥迪（德国）、大众汽车（德国）、斯柯达（捷克）、兰博基尼（意大利）、宾利（英国）、布加迪（法国）、西亚特（西班牙）、杜卡迪摩托（意大利）、斯堪尼亚（瑞典）等品牌。

（1）大众（Volks Wagenwerk）

1938 年，传奇设计师费迪南德·保时捷（Ferdinand Porsche）博士推出了一款形似金龟子的小车，这款小车后来发展成为享誉世界的"甲壳虫"汽车。作为大众汽车的第一款产品，这款被称为"欢乐带来力量的汽车（KDF 车）"实现了"全民汽车"

的愿景，大众之车（Volkswagen）也成为人人都能买得起的大众汽车。

大众汽车，意为大众使用的汽车。车标中的 VW 为全称中头一个字母（图 2-83）。标志由三个用中指和食指做出的"V"组成，表示大众公司及其产品必胜 - 必胜 - 必胜。

大众主要产品有 ID. 纯电系列、甲壳虫、高尔夫、帕萨特（图 2-84）、途锐、途观（图 2-85）、CC 等。

图 2-83　大众车标

图 2-84　大众帕萨特

图 2-85　大众途观

（2）奥迪（Audi）

奥迪是世界著名的豪华汽车开发商和制造商之一，现为大众汽车公司的子公司，公司总部设在德国的英戈尔施塔特。

奥迪的车标为四个圆环（图 2-86），代表着公司成立之初由四家公司联合组建而成。这四家公司分别是奥迪（Audi）、小奇迹（DKW）、霍希（Horch）和漫游者（Wanderer），因此每一环都是其中一个公司的象征，代表着团结、和谐、互利、向上的拼搏精神。

图 2-86　奥迪车标

奥迪主要产品有 A1、A2、A3、A4、A5、A6、A7、A8（图 2-87）、Q2、Q3、Q5、Q7（图 2-88）、TT、R8 以及 S、RS、e-tron 系列等。

图 2-87　奥迪 A8

图 2-88　奥迪 Q7

(3)斯柯达(SKODA)

斯柯达是一家总部位于捷克姆拉达-博莱斯拉夫的汽车公司,也是世界上历史最悠久的四家汽车生产商之一。1991年,斯柯达成为大众集团旗下的品牌。

2022年8月31日,斯柯达公布了新品牌标识(图2-89),采用扁平化和极简风格设计,翡翠绿与电光绿的色彩搭配方案,代表生态环保、可持续发展和电动出行,新标识于2023年开始逐步应用到斯柯达旗下车型上。

图2-89 斯柯达车标

斯柯达主要车型有野帝、明锐(图2-90)、速派(图2-91)、柯迪亚克、柯珞克等。

图2-90 斯柯达明锐

图2-91 斯柯达速派

(4)保时捷(PORSCHE)

1931年3月6日,保时捷设计与研究公司在德国斯图加特正式成立,创始人为费迪南德·保时捷(Ferdinand Porsche)。保时捷汽车具有鲜明的特色,甲壳虫式的车形,后置式发动机和优异的性能,令它很快成为知名的汽车品牌。2008年,保时捷成为大众集团旗下品牌,以生产高级跑车而著称。

保时捷车标上部最显眼的位置是公司的名称,车标图案采用的是公司所在地斯图加特市的市徽。图案中央是一匹马,马的上方有"STUTTGART"字样,表明斯图加特市盛产名马;图案左上方和右下方是鹿角图案,表明该地曾是狩猎的场所;右上方和左下方的黄色条纹是成熟麦子的颜色,意味着土地肥沃,年年丰收,黑色和红色象征着肥沃的土地和人们的智慧与激情。保时捷车标的演变如图2-92所示。

保时捷现有车型有718、911(图2-93)、Panamera、Macan、Cayenne(图2-94)等。

图 2-92　保时捷车标的演变

图 2-93　保时捷 911

图 2-94　保时捷 Cayenne

（5）兰博基尼（LAMBORGHINI）

兰博基尼汽车公司是一家坐落于意大利圣阿加塔·波隆尼的跑车制造商，公司由费鲁吉欧·兰博基尼（Ferrucio Lamborghini）在 1963 年创立。早期由于经营不善，于 1980 年破产；数次易主后，1998 年归入奥迪旗下，现为大众集团旗下品牌之一。

2024 年 3 月 28 日，兰博基尼宣布正式更新车标（图 2-95），这是其时隔 20 余年首次更新车标。从整体设计来看，新标识依然采用"蛮牛"图案设计，整体造型与旧版并没有太大的差异，主要的变化是对细节进行了微调。具体来看，在颜色方面，原本亮眼的金色色调被更为低调的青铜色取代，而品牌名称"LAMBORGHINI"字体也采用了更宽的字体替代。同时，新车标还对"斗牛"的腿部、后背肌肉线条、尾巴等细节进行微调，视觉效果上看起来更简洁。

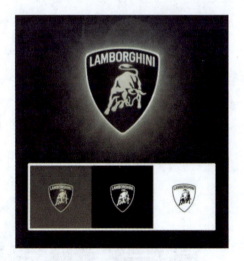

图 2-95　兰博基尼的新车标

兰博基尼现有车型有 Temerario、Revuelto、Urus（图 2-96）、Huracán（图 2-97）等。

图 2-96　兰博基尼 Urus

图 2-97　兰博基尼 Huracán

2. 梅赛德斯-奔驰集团股份公司

德国梅赛德斯-奔驰（Mercedes-Benz）集团股份公司由奔驰、戴姆勒两家汽车公司于 1926 年合并而成，其总部设在德国斯图加特市。其中，奔驰公司由卡尔·本茨创建于 1883 年，戴姆勒公司由戈特利布·戴姆勒创建于 1890 年。1926 年 6 月，戴姆勒公司与奔驰公司合并成立了戴姆勒-奔驰股份公司，以梅赛德斯-奔驰命名的汽车，是高质量、高性能汽车产品的代表。除了高档豪华汽车外，奔驰公司还是世界上最著名的大客车和重型载重汽车的生产厂家。

奔驰车标三叉星（图 2-98）象征着征服陆、海、空的愿望。此标志是戴姆勒公司和奔驰公司合并后产生的。戴姆勒公司原商标是三个尖的星，而奔驰公司的商标是二重圆中存"奔驰"（BENZ）字样，两者合并后戴姆勒-奔驰公司的商标为单圆中的一颗三叉星。

图 2-98　梅赛德斯-奔驰车标

梅赛德斯-奔驰现有车型有 A 级、C 级、E 级、S 级、G 级、GLA、GLB、GLC、GLE、GLS 等系列。其中，A 级是紧凑型车，C 级是中型车，E 级是中大型轿车，S 级是大型轿车，G 级是越野车，GLA、GLB 是紧凑型 SUV，GLC 是中型 SUV，GLE 是中大型 SUV，GLS 是大型 SUV。奔驰 C-Class L 如图 2-99 所示，G-Class 如图 2-100 所示。

图 2-99　奔驰 C-Class L

图 2-100　奔驰 G-Class

3. 宝马汽车公司

宝马汽车公司（Bayerische Motoren Werke AG）全称为"巴伐利亚机械制造厂股份公司"，创建于1916年，总部设在德国巴伐利亚自由州的慕尼黑，拥有BMW、MINI、Rolls-Royce和BMW Motorrad四大品牌，并提供汽车金融和高档出行服务。

宝马车标（图2-101）中的BMW是公司全称的缩写，车标以蓝白两色为衬底，其色彩和组合设计源于宝马所在地巴伐利亚州，内圆里的四分象限采用了巴伐利亚州的代表颜色——白色和蓝色。而在中国，人们更喜欢将BMW标志描述为"蓝天白云"。在这一明媚的意象中，蕴含了人们对于美好生活的期待与向往，蓝天白云不仅仅代表着内心真挚的祈望，更是连通人与人、家庭与世界、现在与未来的温情象征。用来提醒宝马是来自巴伐利亚州的"纯正血统"。

图2-101 宝马车标

宝马的车系有2、3、4、5、6、7、8、X、M、Z、i等几个系列。其中，2系是小型轿跑，3系是中型汽车，4系是中型轿跑（含敞篷），5系是中大型汽车，6系是中大型轿跑（含敞篷），7系是豪华D级车，8系是豪华轿跑，X系是SUV（运动型多功能汽车）车系，M系是高性能与跑车版本，Z系是入门级跑车，i系是电动车以及混合动力系列。宝马THE 3如图2-102所示，宝马X7如图2-103所示。

图2-102 宝马THE 3

图2-103 宝马X7

4. 标致雪铁龙集团

标致雪铁龙集团英文名为PSA，是一家法国私营汽车制造公司，致力于为全球消费者提供独具特色的汽车体验和自由愉悦的出行方案。多年以来，PSA集团凭借其两大强势品牌：标致和雪铁龙，在汽车和工业领域取得了丰富的经验。

（1）标致

2021年2月25日，标致推出了全新车标（图2-104）。

图2-104 标致车标

第 11 代标致的车标主体是一个壮美的狮头，外层呈盾形轮廓设计。其设计理念包括 Timelessness（永不过时）、Personality（个性）和 Quality（品质）。

标致现有车型有 408（图 2-105）、508L、4008（图 2-106）、5008 等。

图 2-105　标致 408

图 2-106　标致 4008

（2）雪铁龙

雪铁龙是知名的法国汽车品牌，由安德烈·雪铁龙（André Citroën）于 1919 年创建，公司总部设在法国巴黎。雪铁龙一直以其超前技术扬名于世。特别是它于 1934 年推出的前轮驱动 Traction Avant，还有赫赫有名的车型 2CV、DS、SM、CX。雪铁龙现归属于标致雪铁龙集团。

图 2-107　雪铁龙车标

2022 年，雪铁龙更换新车标（图 2-107）。全新的雪铁龙车标依旧保留了雪铁龙经典的双人字形结构，但是从老款的圆润风格改成了更加简单的直线条和棱角设计。同时，新款车标在外侧还增加了一个椭圆形环状结构，使车标显得更加传统了一些。除了车标内部结构变化外，下方的"CITROËN"品牌拼写字体也发生了变化，相比老款粗壮圆润的风格，变得更加纤细简洁，更符合当下对于简约设计风格的追求。

雪铁龙现有车型包括 C3（图 2-108）、C4、C5X、Berlingo（图 2-109）、Holidays 等。

图 2-108　雪铁龙 C3

图 2-109　雪铁龙 Berlingo

2.2.2 日本著名汽车品牌

日本著名的车企有丰田汽车公司、本田汽车公司、日产汽车公司、马自达汽车公司和三菱汽车公司等。

1. 丰田汽车公司

丰田汽车公司（Toyota Motor Corporation）简称"丰田"（TOYOTA），成立于1937年，是一家总部设在日本爱知县丰田市和东京都文京区的汽车工业制造公司，是日本最大的汽车公司，也是世界十大汽车工业公司之一。丰田汽车公司旗下品牌主要包括雷克萨斯、丰田等系列高中低端车型等。

丰田汽车的三个椭圆的标志（图2-110）是从1990年初开始使用的。标志中的大椭圆代表地球，中间由两个椭圆垂直组合成字母"T"，代表丰田公司。它象征丰田公司立足于未来，对未来的信心和雄心，还象征着丰田公司立足于顾客，对顾客的保证，象征着用户的心和汽车厂家的心是连在一起的，具有相互信赖感，同时喻示着丰田的高超技术和革新潜力。

图2-110 丰田车标

丰田旗下主要分电动化车型、GR动车型、SUV、轿车、MPV、中型客车等，包括雷克萨斯、凯美瑞（图2-111）、普拉多、汉兰达、RAV4荣放（图2-112）、皇冠、亚洲龙、卡罗拉、雷凌、埃尔法、威尔法、赛那、柯斯达等。

图2-111 丰田凯美瑞

图2-112 丰田RAV4荣放

2. 本田汽车公司

本田汽车公司成立于1948年9月，在全球29个国家和地区拥有130个以上的生产基地，产品涵盖摩托车、汽车和Power Products等。

"H"是"本田"汽车和"本田"摩托车的图形商标（图2-113），是"本田"日文拼音"HONDA"的第一个大写字母。本田汽车商标中的字母"HM"是"HONDA MOTOR"的缩写，在这两个字母上有鹰的翅膀，象征着"飞跃的本田的技术和本田公司前途无量"。1969年，本田汽车公司为突出鹰的形象，而使用了纵长的"H"商标。1980年，为了体现本田汽车公司的年轻、技术先进和设计新颖的特点，决定使用形似三弦音箱的"H"商标，该商标把技术创新、团结向上、经营有力、紧张感和轻松感体现得淋漓尽致。

图2-113 本田车标

本田汽车主要分为混合动力车型、轿车、SUV、MPV这几类，包括雅阁（图2-114）、思域、飞度、型格、英仕派、凌派、CR-V（图2-115）、缤智、艾力绅、奥德赛等。

图2-114 本田雅阁

图2-115 本田CR-V

3. 日产汽车公司

日产汽车公司成立于1933年，总部位于日本，是一家在东京证券交易所上市的日本跨国汽车制造商。

2020年7月15日，日产汽车发布全新的车标（图2-116），新车标完全去除3D外观，以黑白色为主，其中"NISSAN"是日语"日产"两个字的拼音形式，其含义是"以人和汽车的明天为目标"。

图2-116 日产车标

日产汽车公司旗下车型主要有：天籁、楼兰（图2-117）、逍客、奇骏、骐达/GTS、轩逸（图2-118）、途乐、帕拉丁等。

图 2-117　日产楼兰

图 2-118　日产轩逸

4. 马自达汽车公司

马自达汽车公司的前身是 1920 年创立的东洋软木工业株式会社，1984 年改为现名，是一家在东京证交所上市的日本跨国汽车制造商。

2024 年马自达在日本、澳大利亚、美国等市场注册了全新的品牌 LOGO 及英文标识。相比于现用车标，虽然整体框架变化不是特别明显，但在细节上进行了诸多的调整。新申请车标取消了金属抛面的纹理设计，取而代之的是黑白配色以及更扁平化的造型设计，内外线条也更加锐利。此外，新车标英文标识也有所调整，字母采用全新字体，并将大小写字母全部调整为大写字母"MAZDA"，整体视觉更为简约。马自达现用车标和新注册车标如图 2-119 所示。

a)

b)

图 2-119　马自达现用车标和新注册车标

a）马自达现用车标　b）马自达新注册车标

马自达现有车型包括 Mazda2（图 2-120）、Mazda3、Mazda6、CX-3、CX-30（图 2-121）、MX-30、CX-5、CX-60 等。

图 2-120　Mazda2

图 2-121　马自达 CX-30

5. 三菱汽车公司

三菱汽车公司（Mitsubishi Motors）是日本的一家跨国汽车制造商，总部在东京港区，在 1970 年从三菱重工业的自动车制造部门独立。

三菱汽车的车标由三个菱形组成（图 2-122）。三个菱形的设计，象征着三菱在汽车制造领域的精湛工艺和对完美追求的态度，正如钻石切割技艺的巅峰挑战，三菱汽车以三枚菱形钻石为标志，突显其在汽车制造艺术上的深邃灿烂光华，即所谓的"菱钻式造车艺术"。

图 2-122　三菱车标

三菱旗下车型包括欧蓝德（图 2-123）、劲炫 ASX、帕杰罗（图 2-124）、帕杰罗·劲畅等 SUV 系列。

图 2-123　三菱欧蓝德

图 2-124　三菱帕杰罗

2.2.3　美国著名汽车品牌

美国的三大汽车集团公司为通用汽车公司、福特汽车公司和克莱斯勒汽车公司。

1. 通用汽车公司

通用汽车公司（GM）成立于1908年9月16日，在全球生产和销售包括雪佛兰、别克、GMC、凯迪拉克、宝骏、霍顿以及五菱等一系列品牌车型并提供服务，旗下多个品牌全系列车型畅销于全球多个国家和地区。

2021年1月，通用汽车公司宣布更换车标（图2-125），展示其当前及未来发展方向。通用汽车公司的车标GM取自其英文名称（General Motors Corporation）的前两个单词的首字母。

图2-125 通用车标

（1）别克（Buick）

1903年5月19日，大卫·邓巴·别克（David Dunbar Buick）在布里斯科兄弟的帮助下创建了美国别克汽车公司。1908年公司的产量达到8820辆，居美国第一位。同年，以别克汽车公司为中心，美国通用汽车公司成立。别克在美国的汽车历史中占有相当重要的地位，它是美国通用汽车公司的一大台柱，带动了整个汽车工业水平的进步，并成为其他汽车公司追随的榜样。

2022年6月1日，通用汽车别克品牌发布全新品牌标识（图2-126）。用平行开放的设计，自我突破、破茧新生。三色盾代表的寓意是安全、质感、舒适，这也意味着别克产品重点关注的三方面性能。

图2-126 别克车标

别克旗下包括众多知名车型：凯越、英朗、威朗（图2-127）、阅朗、君威、君越、昂科拉、昂科威（图2-128）、GL8等。

图2-127 别克威朗

图2-128 别克昂科威

（2）雪佛兰（Chevrolet）

雪佛兰汽车公司于1911年11月3日创立，创始人为威廉·杜兰特（William C. Durant）和路易斯·雪佛兰（Louis Chevrolet），1918年被通用汽车公司并购，现为通用汽车旗下最为国际化和大众化的品牌。

雪佛兰车标（图2-129）是图案化了的蝴蝶结，象征雪佛兰轿车的大方、气派和风度。

图2-129　雪佛兰车标

雪佛兰旗下车型有科鲁泽（图2-130）、迈锐宝、探界者（图2-131）、创酷、开拓者、星迈罗、畅巡等。

图2-130　雪佛兰科鲁泽

图2-131　雪佛兰探界者

（3）凯迪拉克（Cadillac）

凯迪拉克汽车公司于1902年诞生于被誉为"美国汽车之城"的底特律。1909年，凯迪拉克汽车公司加入通用汽车公司，成为通用汽车专门生产豪门汽车的一个分部。凯迪拉克汽车在行业内创造了多个第一，缔造了多项豪华车的行业标准；可以说凯迪拉克的历史代表了美国豪华车的历史。

凯迪拉克汽车车标选用了著名的花冠盾形徽章，象征着其在汽车行业中的领导地位，这个含义深刻而精致的标志也是凯迪拉克家族曾作为皇家贵族的象征，同时表现了底特律城创始人的勇气和荣誉。2022年，凯迪拉克启用全新的品牌徽标（图2-132），新的设计用大气、简约的手法营造更为高级、摩登的视觉体验，以当代的语言，重塑过去，展望未来。

图 2-132　凯迪拉克车标

凯迪拉克旗下车型有：CT 系列（CT6 如图 2-133 所示）、XT 系列（XT6 如图 2-134 所示）、GT4、IQ 锐歌、IQ 傲歌等。

图 2-133　凯迪拉克 CT6　　　　　　图 2-134　凯迪拉克 XT6

2. 福特汽车公司

福特（Ford）是世界著名的汽车品牌，为美国福特汽车公司（Ford Motor Company）旗下的众多品牌之一，公司及品牌名"福特"来源于创始人亨利·福特（Henry Ford）的姓氏。福特汽车公司是世界上最大的汽车生产商之一，成立于 1903 年，旗下拥有福特和林肯汽车品牌，总部位于密歇根州迪尔伯恩市。

（1）福特汽车

1903 年亨利·福特先生正式创立福特汽车公司，1908 年福特 T 型车正式量产，1913 年福特汽车首创人类工业史上第一条流水生产线，凭借创始人亨利·福特的"制造人人都买得起的汽车"的梦想和卓越远见，福特汽车公司历经一个世纪的风雨沧桑，成为世界四大汽车集团公司之一。

福特汽车的车标（图 2-135）采用福特英文 Ford 字样，蓝底白字。由于创建人亨利·福特喜欢小动物，所以车标设计者把福特的英文画成一只小白兔样子的图案。活泼可爱、充满活力、美观大方的小白兔。正在向前飞奔，象征福特汽车

图 2-135　福特车标

奔驰在世界各地，令人爱不释手。

福特汽车的主要车型包括翼虎、锐际、领裕、领睿、锐界L、探险者（图2-136）、蒙迪欧、F-150猛禽（图2-137）、途睿欧、全顺、烈马、电马等。

图2-136　福特探险者

图2-137　福特F-150猛禽

（2）林肯汽车

林肯汽车是福特汽车公司旗下的一款豪华车，创立于1917年，创始人为亨利·利兰（Henry Martyn Leland）。其品牌名称是以美国第16任总统亚伯拉罕·林肯（Abraham Lincoln）的名字命名，借助林肯总统的名字来树立公司的形象，显示该公司生产的是顶级轿车。

林肯汽车车标（图2-138）设计独特，一个矩形框架中镶嵌着一颗璀璨的星星，象征着林肯总统犹如夜空中指引方向的启明星。这颗星星也代表着林肯汽车品牌的辉煌和尊贵，与福特·林肯轿车的卓越品质相映成辉。

图2-138　林肯车标

林肯汽车的主要车型包括林肯Z（图2-139）、领航员壹号、领航员（图2-140）、飞行家、航海家、冒险家等。

图2-139　林肯Z

图2-140　林肯领航员

2.2.4 韩国著名汽车品牌

韩国现代起亚汽车集团（Hyundai Kia Automotive Group）是由一系列附属公司以复杂的控股方式组成的集团公司，集团的实际代表是现代汽车公司，集团的前身是现代汽车集团。1998年，起亚汽车公司与现代汽车公司签订了股权转让协定，并且在2000年与现代汽车公司一起成立现代·起亚汽车集团。集团包括现代汽车、起亚汽车和现代零件供应商以及与集团产业有关的核心公司。在市场上，起亚和现代以两个公司的方式独立运行操作。

1. 现代汽车公司

现代汽车公司创立于1967年，是韩国最大的汽车企业，公司总部在韩国首尔。

现代汽车的车标是一个（图2-141）椭圆包围的斜字母H，H是现代公司英文名HYUNDAI的首字母，椭圆既代表汽车方向盘，又可看作地球，两者结合寓意了现代汽车遍布世界。

图2-141 现代车标

现代汽车的主要产品有索纳塔、伊兰特（图2-142）、帕里斯帝、SANTA FE（图2-143）、KONA、NEXO、CASPER等。

图2-142 现代伊兰特

图2-143 现代SANTA FE

2. 起亚汽车公司

起亚汽车公司始建于1944年12月，是韩国最早的汽车制造商，隶属于起亚集团。韩国现代在1998年收购了起亚51%的股份，并在2000年与现代汽车公司一起成立现代·起亚汽车集团。2021年，公司名称改名为起亚（Kia Corporation）。

起亚汽车于2021年1月6日发布全新的品牌标识（图2-144）。起亚新车标仍是"Kia"英文字母的缩写，但是整体的造型更加简洁而现代化。这个Logo的设计源于三大设计理念——"均衡(Symmetry)""律动(Rhythm)"和"向上(Rising)"。全新标识表明了起亚志在以变革和创新成为行业标杆的承诺和决心。

图 2-144 起亚车标

起亚面向中国市场主要有 EV5、EV6、K3(图 2-145)、K5、焕驰、奕跑(图 2-146)、赛图斯、狮铂拓界、嘉华、智跑等车型。

图 2-145 起亚 K3

图 2-146 起亚奕跑

思考与练习

在线测试2

一、选择题

1. 1953年7月15日，（　　）破土动工，新中国汽车工业从这里起步。【单选题】

   A. 上汽集团　　B. 东风汽车　　C. 广汽集团　　D. 中国一汽

2. 我国首个获得新能源汽车生产资质的新能源汽车企业是（　　）。【单选题】

   A. 比亚迪汽车　　B. 蔚来汽车　　C. 北汽新能源　　D. 小米汽车

3. 王朝系列属于以下哪个汽车品牌？（　　）【单选题】

   A. 吉利　　B. 长城　　C. 比亚迪　　D. 荣威

4. 中国首家获得轿车生产资格的民营企业是（　　）。【单选题】

   A. 吉利　　B. 长城　　C. 比亚迪　　D. 奇瑞

5. 以下哪个汽车品牌不属于中国造车新势力？（　　）【单选题】

   A. 小鹏　　B. 领克　　C. 理想　　D. 蔚来

二、问答题

1. 写出至少3个车标上有动物的汽车品牌。
2. 列举5种以上民族汽车品牌。
3. 列举大众集团旗下的10款在售车型。

第 3 章
汽车设计和构造

在近百年中，汽车设计技术经历了由经验设计发展到以科学实验和技术分析为基础的设计阶段。20 世纪 60 年代中期，在设计中引入电子计算机后又形成了计算机辅助设计（Computer Aided Design，CAD）等新方法，使设计逐步实现半自动化和自动化。

本章将带你了解汽车设计的基本知识，揭秘汽车构造。

微课 5

3.1 初探汽车设计

现代汽车的功能设计和开发通常由来自汽车工程中许多不同学科的大型团队来完成，汽车设计主要涉及开发车辆的外观或美学，尽管它也涉及产品概念的创建。汽车设计是一种专业职业，通常是由具有工业背景、工业设计或运输设计学位的设计师来实践。

3.1.1 传统汽车设计的特点

1. 比例协调

比例是汽车设计的基础。车身长度、宽度、高度以及轴距等参数的合理搭配，能够营造出一种稳定、大气的视觉效果。例如，经典的跑车通常具有较长的车头和较短的车尾，这种比例能够凸显其运动性能；而豪华轿车则往往拥有更加修长的车身和宽敞的内部空间，展现出高贵与优雅。

2. 线条流畅

流畅的线条是汽车设计的重要特征之一。线条可以分为曲线和直线，它们共同构成了汽车的外形轮廓。曲线能够赋予汽车柔和、优雅的气质，如一些豪华轿车的车身线条就充满了流畅的曲线美；直线则给人以简洁、硬朗的感觉，许多运动型汽车和 SUV 常常运用直线来强调其力量感。无论是曲线还是直线，都需要流畅自然，避免出现生硬的转折和突兀的棱角。

3. 细节精致

汽车设计往往在细节处下足功夫，从车灯的造型到轮毂的设计，从进气格栅的纹理到车身的镀铬装饰，每一个细节都精心雕琢。例如，一些高端汽车品牌会采用独特的车灯设计，如 LED 灯带、矩阵式大灯等，不仅提升了照明效果，还增加了车辆的辨识度；轮毂的造型也多种多样，有的采用复杂的多辐式设计，有的则简洁大方，不同的轮毂设计能够为汽车带来不同的风格。

4. 色彩搭配合理

色彩是汽车设计中最直观的元素之一，应选择适合车型定位和目标用户群体的色彩搭配。合理的色彩搭配能够让汽车更加引人注目，同时也能传达出不同的情感和个性。一般来说，汽车的色彩可以分为主色调和辅助色调，主色调通常是车身的大面积颜色，辅助色调则用于装饰和点缀。通常，运动型汽车多采用鲜艳的色彩来突出其活力和激情，而豪华轿车则多采用稳重的深色系来彰显其高贵与典雅。

3.1.2 新能源汽车的设计思路

1. 新能源车早期的设计思路

新能源车的研发理念与燃油车存在很大的区别，由此也影响了设计理念。新能源车有一些共同的设计特点，比如车身形式偏爱 SUV 或者单厢车、车身尺寸明显大于同级燃油车、偏爱使用大尺寸轮圈、四轮四角等设计。这是因为补能效率低下带来的续航问题使得新能源车制造商更倾向于在自己的产品上安装更多的电池。但是由于现阶段电池的能量密度表现还不尽如人意，所以电池包存在体积大和重量大的弊端。在新能源车发展初期，由于多采用燃油车平台进行改造，电池包的发展也处于不规范的局面，车企只能在现有平台上见缝插针地布置动力蓄电池。

有限且不规则的空间使得车企很难为"油改电"的新能源车布置大容量的电池组，为了解决这一问题，提升车辆续航，设计师们想到了将电池包布置在车底（图 3-1）。

这种方式对于设计造成的直接影响就是，由于电池包的存在侵害了底盘空间，降低了车辆离地间隙。为了不影响车内空间和行驶性能，设计师需要通过压缩车内空间，提升悬架高度来抵消电池包产生的负面影响。

于是，早期的新能源车都好像是踩高跷的燃油车，其大体设计思路与燃油车没有明显区别，但为了让车辆整体满足设计要求，设计师选择要么让车底电池包直接暴露在外，要么就用很不协调的饰板来对其进行遮挡。

图 3-1　电池包布置在车底

2. 新一代新能源车的设计思路

造车新势力们入局之后，新能源车的设计思路发生了变化。首先，就是新势力的产品几乎不约而同地选择 SUV 车型作为首发，这是因为 SUV 车型先天就具有高车身和高离地间隙的特点，在底盘上布置了电池包之后对于车内空间的侵占和行驶性能的影响相对较小。

纯电平台的出现和电池模组在结构上的升级使得新一代的新能源车可以在底盘上布置更轻薄的电池包，对于车顶和底盘空间的侵占进一步减小。但同样受制于电池能量密度的影响，它们仍然达不到燃油车的设计要求。

另外，为了与燃油车进行区隔，新能源车也采用了很多不一样的设计理念。由于电动机不再依靠复杂的机械结构进行传动，大部分新能源车也不需要变速箱，因此设计师对于动力总成的布局有了更自由的选择。

四轮四角的设计就是将电机布置在前后轴上所产生的结果。之所以要这么做也是为了尽可能地充分利用车辆轴距，给车内乘员提供更大的乘坐空间。

很多新能源车在电动机和电池组的部分都采用了主动式散热方式，因此在燃油车上意义重大的车头进气格栅就显得没那么重要了。特斯拉率先取消了这一设计，但由于其整体设计仍然具备浓厚的燃油车色彩，单纯让进气格栅消失之后，其前脸留白部分看上去还是极不协调，如图 3-2 所示。

图 3-2　进气格栅消失前后对比图

新势力们则想到了解决方案，为了让车头看上去不是那么奇怪，它们在灯组上做起了文章，但贯穿式的 LED 日行灯大面积出现还是让这类车型在设计上趋同，缺乏个性，如图 3-3 所示。

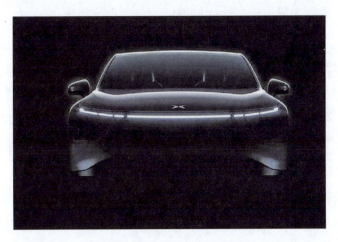

图 3-3　贯穿式的 LED 日行灯

在造车新势力们把目光转向轿车时，又有一些设计元素集中出现了，首当其冲的就是全景天幕（图 3-4）。这种配置以往在燃油车上几乎只有豪华品牌的高配车型才会采用，但在新势力这边几乎成为标配。

全景天幕出现在新能源车上也跟电池包有关。轿车由于其车身形式的原因，车内纵向空间明显不如 SUV，在 SUV 车型上表现不明显的问题到了轿车上就变得有些棘手了。有些厂商的解决方案是全方位地加大车身，使其产品从比例上看基本协调，但放在同级的燃油车面前就会发现这类车型成了"四不像"。

还有些厂商使用全景天幕取代金属蒙皮和车顶内饰板，不仅可以实打实地获得几厘米的空间，还能提升车内乘坐的开扬感。在大众心目中，全景天幕等同于高端配置，因此这样的设计也能助力营销，一举多得。

图3-4　全景天幕实例

新能源车内饰部分也有非常显著的设计特点，那就是大幅度地缩减物理按键，大量应用屏幕。这种简洁的设计风格也是为了让车内空间看上去更大。物理按键消失之后，其后方也不需要大量线束，这样就能够让仪表台变得更加轻薄，增加前排乘员的膝部空间。

新能源车的座椅也都普遍采用了轻薄造型，一方面是减重需要，另一方面也是为了拓展空间。

总的来说，当下的新能源汽车设计各有各的风格美，而当新能源大局已定、自动驾驶即将接近现实，汽车设计必须为"无人驾驶时代"做好准备，这将打破传统汽车轿车、SUV、MPV的固有品类，演化出很多新物种。

新物种不仅体现在造型革命上，还将实现运人、运物、家用、商用的有机融合，创造出全新的汽车生态。从设计作品来看，未来汽车设计将更多应用新材料。在高强钢的基础上，铝材、碳纤维复合材料以及镁钛新型塑料，都将出现在未来汽车上。新物种＋新材料，这将在一定程度上改变传统汽车制造流水化、批量化的生产工艺。

微课6

3.2　揭秘汽车构造

汽车通常由发动机、底盘、车身和电器设备四部分组成。其中发动机的作用是使输进气缸的燃料燃烧产生动力；底盘是接受发动机的动力，使汽车产生运动，保证汽车按照驾驶员的操作正常行驶；车身是驾驶人的工作场所，也是装载货物和乘客的地方；电器设备的作用是保证汽车基本功能的使用，同时也为汽车娱乐和通信设施供电。

3.2.1 发动机

发动机是汽车的心脏，总成如图 3-5 所示。发动机为汽车的行走提供动力，关系着汽车的动力性、经济性、环保性。简单来说，发动机就是一个能量转换机构，即将汽油（柴油）或天然气的热能，通过在密封汽缸内燃烧气体膨胀，推动活塞做功，转变为机械能。

图 3-5 汽车发动机总成

汽油发动机种类及型号众多，但其基本结构大体相似，一般由两大机构和六大系统组成：曲柄连杆机构、配气机构、进排气系统、润滑系统、冷却系统、燃油供给系统、点火系统和启动系统。而柴油汽车的发动机是没有点火系统的，这里主要介绍汽油发动机。

1. 曲柄连杆机构

曲柄连杆机构是发动机实现工作循环，完成能量转换的主要运动零件。它由机体组（图 3-6）、活塞连杆组和曲轴飞轮组（图 3-7）等组成。在做功行程中，活塞承受燃气压力在气缸内做直线运动，通过连杆转换成曲轴的旋转运动，并从曲轴对外输出动力。在进气、压缩和排气行程中，飞轮释放能量把曲轴的旋转运动转化成活塞的直线运动。

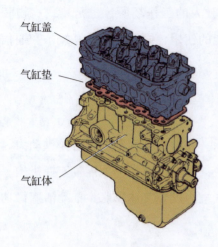

图 3-6 机体组

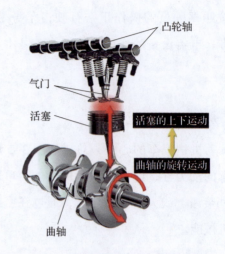

图 3-7 活塞连杆组和曲轴飞轮组

2. 配气机构

配气机构（图 3-8）包括气门（进排气门）、气门弹簧、摇臂、凸轮轴、正时链条、凸轮轴正时链轮、曲轴正时链轮、张紧器、导链板等组成。发动机配气机构是按照发动机每一气缸内所进行的工作循环和点火顺序的要求，定时开启和关闭各气缸的进、排气门，使新鲜的可燃混合气进气时得以及时进入汽缸，压缩与做功行程时，关闭气门保证燃烧室的密封，排气时充分及时地从气缸中排出废气。

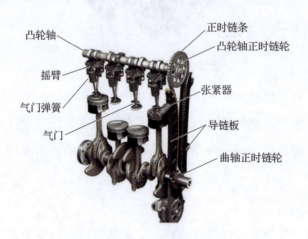

图 3-8 发动机配气机构

3. 进排气系统

发动机进气系统（图 3-9）包括空气滤清器、空气流量计、进气软管、节气门体、进气歧管等，涡轮增压发动机还有中冷器等。其作用是将新鲜空气过滤后送入气缸。

发动机排气系统（图3-10）包括排气歧管、氧传感器、三元催化器、排气管、主消声器等。其作用是将燃烧生成的废气净化和降噪处理后排出发动机。

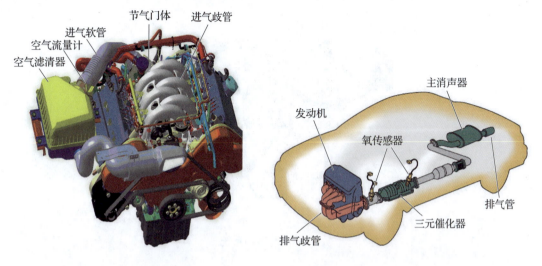

图3-9　发动机进气系统　　　　图3-10　发动机排气系统

4. 润滑系统

润滑系统（图3-11）包括机油泵、集滤器、限压阀、润滑油道、机油滤清器、油压开关等部件，具有润滑兼冷却、清洗、密封、防锈等作用。

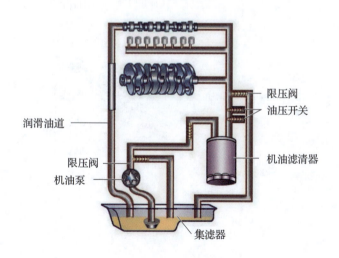

图3-11　润滑系统

5. 冷却系统

冷却系统（图3-12）包括水套、水泵、节温器、散热器、冷却风扇、储液罐以及水管等。冷却系统利用液体循环将发动机多余的热量带走并散发掉，确保发动机的工作温度正常。

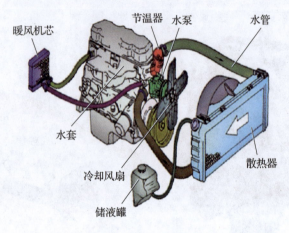

图 3-12　冷却系统

6. 燃油供给系统

燃油供给系统（图 3-13）包括燃油箱、燃油泵、燃油滤清器、燃油压力调节器、喷油器、输油管与回油管等部件。其作用是向发动机提供燃油。

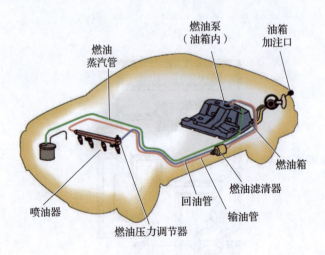

图 3-13　燃油供给系统

7. 点火系统

点火系统（图 3-14）包括控制模块、点火线圈、火花塞、高压线和传感器等部件。其作用是利用火花塞产生的高压电火花点燃混合气。

8. 启动系统

启动系统（图 3-15）包括蓄电池、起动机、点火开关等部件。其作用是驱动曲轴由静止状态发生初始运转，以便顺利启动发动机。

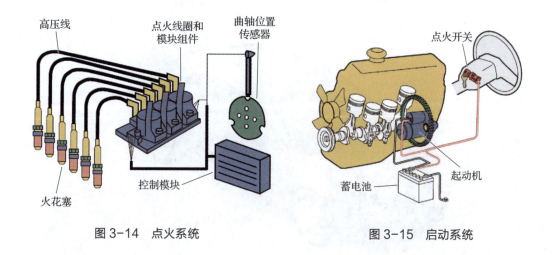

图 3-14　点火系统　　　　　　　　图 3-15　启动系统

3.2.2 底盘

底盘（图 3-16）由传动系统、行驶系统、转向系统和制动系统四部分组成。其作用是支撑、安装汽车发动机及其各部件、总成，形成汽车的整体造型，承受并接受发动机动力，使汽车产生运动，保证正常行驶。一个好的底盘，可以保证驾驶者的生命安全。

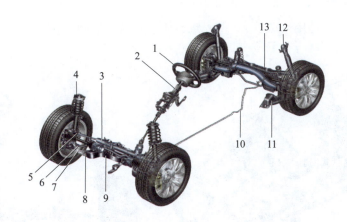

图 3-16　底盘

1—方向盘　2—转向柱　3—转向机总成　4—前减振器总成　5—连杆　6—横向稳定杆　7—传动轴
8—摆臂　9—前桥副梁　10—后制动油管　11—纵向控制臂　12—后减振器总成　13—后桥副梁

1. 传动系统

汽车发动机与驱动轮之间的动力传递装置称为汽车的传动系统,如图 3-17 所示。其基本功用是将发动机发出的动力传给驱动车轮,保证汽车具有在各种行驶条件下所必需的牵引力、车速,以及保证牵引力与车速之间协调变化等。

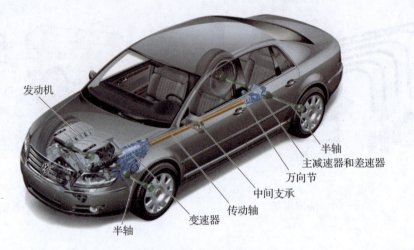

图 3-17 传动系统

2. 行驶系统

轮式汽车行驶系统一般由车架、车桥、车轮和悬架组成,如图 3-18 所示。行驶系统的功用是支持全车并保证车辆正常行驶。

3. 转向系统

汽车转向系统是用来改变汽车行驶方向的机构,如图 3-19 所示。汽车行驶方向

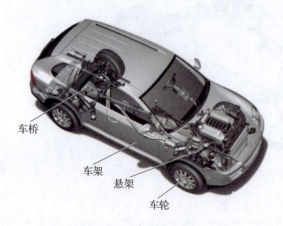

图 3-18 行驶系统

图 3-19 转向系统

的改变是由驾驶员通过操纵转向系统来改变转向轮（一般是前轮）的转向角度实现的。转向系统不仅可以改变汽车的行驶方向，使其按驾驶员规定的方向行驶，还可以克服由于路面侧向干扰力使车轮自行产生的转向，恢复汽车原来的行驶方向。

4. 制动系统

为了在技术上保证汽车的安全行驶，在各种汽车上都设有专用的制动机构，如图3-20所示。制动系统的功用是使行驶中的汽车减低速度甚至停车或者使已经停下来的汽车保持制动。

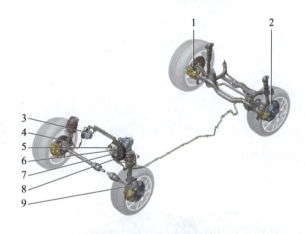

图3-20　制动系统

1—右后转速传感器　2—左后转速传感器　3—ABS控制单元　4—右前转速传感器　5—制动液储液罐
6—制动信号灯开关　7—制动气缸　8—制动助力器　9—左前转速传感器

3.2.3 车身

汽车车身应具备使乘客和货物免受尘土、雨雪、振动、噪声、废气的侵袭，使驾驶员工作便利的条件。车身上的一些结构措施和设备还应有助于行车安全和减轻事故。轿车车身包括车窗、车门、驾驶舱、乘客舱、发动机舱和行李舱等，如图3-21所示。

汽车轻量化是指在保证汽车强度和安全系数的前提下，尽最大努力降低汽车的整备质量，从而提高汽车的动力性，降低油耗，减少尾气污染。汽车轻量化的主要途径有：①汽车主流规格车型持续优化，在规格主参数尺寸保留的前提下，提升整车结构强度，降低耗材用量；②采用轻质材料，如铝、镁、陶瓷、塑料、玻璃纤维或碳纤维复合材料等；③采用计算机进行结构设计，如采用有限元分析、局部加强设计等；④采用承载式车身，减薄车身板料厚度等。当前汽车轻量化的主要措施是采用轻质材料。

图 3-21 轿车车身

3.2.4 电气设备

如图 3-22 所示,汽车上所装电器与电子设备虽然种类繁多、功能各异,但按照功能可分为电源和用电设备两类。

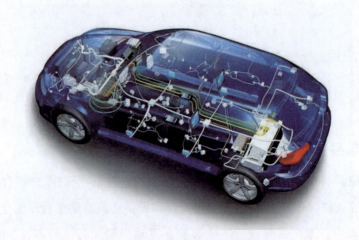

图 3-22 电气设备

1. 电源

电源包括蓄电池、发电机及调节器。

启动发动机时,蓄电池是汽车上供给启动机电流的唯一电源。当发电机不工作或转速较低,其电压低于蓄电池时,由蓄电池向全车用电设备供电;当用电设备接入较多时,可协助发电机向外供电。

当发电机达到一定转速，其电压高于蓄电池的电压时，发电机除了向启动机以外的全车用电设备供电，还给蓄电池充电。发电机是汽车运行中的主要电源，其结构如图 3-23 所示。

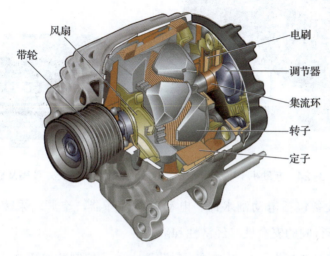

图 3-23　发电机

为了各种汽车电器都能稳定工作，三相交流发动机必须设置电压调节器，使电压维持在允许的相对稳定的合理范围之内。

2. 用电设备

用电设备包括点火系统、启动系统、照明及信号设备、仪表及显示系统、辅助电器设备及电子控制装置等。

点火系统是汽油机必不可少的组成部分，其功能是按照发动机工作顺序产生高压电并通过火花塞跳火，保证适时准确地点燃可燃混合气体，包括蓄电池点火和电子点火两大类。

启动系统由蓄电池供电，起动机将电能转化为机械能带动发动机转动。完成启动任务后，立即停止工作。起动机结构如图 3-24 所示。

照明及信号设备包括前照灯、各种照明灯、信号灯以及电喇叭、蜂鸣器等。其作用是保证各种运行条件下的行车安全。

仪表及显示系统是驾驶员通过视觉了解汽车工作状态的必备部件，包括各种机械式或者电子式的燃油表、机油压力表、水温表、电流表、车速里程碑及各种显示装置等，如图 3-25 所示。其作用是指示发动机和汽车的工作状况。

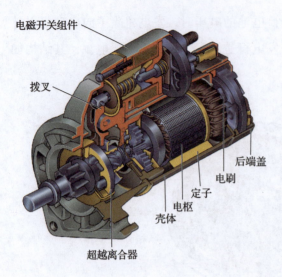

图 3-24 起动机　　　　图 3-25 仪表及显示系统

辅助电器设备包括电动刮水器、电动玻璃升降器、空调、采暖、音响视听设备等，以提高汽车行驶的安全性、经济性和舒适性。

电子控制装置包括电子控制燃油喷射装置、电子控制防抱死制动系统、电子控制自动变速器装置等。

思考与练习

在线测试3

一、选择题

1. 汽车设计是一种专业职业，他们通常是由具有（　　）的设计师来实践。【多选题】
   A. 工业背景　　　　　　B. 工业设计
   C. 运输设计学位　　　　D. 机电维修

2. 新一代新能源车的设计思路是（　　）。【多选题】
   A. 电池包布置在车底　　B. 四轮四角的设计
   C. 全景天幕　　　　　　D. 缩减物理按键

3. 室内设计的重点是（　　）。【多选题】
   A. 人体工程学　　　　　B. 乘客的舒适感
   C. 燃油经济性　　　　　D. 节约成本

4. 底盘是由（　　）组成。【多选题】
   A. 传动系统　　　　　　B. 行驶系统
   C. 转向系统　　　　　　D. 制动系统

5. 关于发动机的作用，以下描述正确的有（　　）。【单选题】
   A. 使输进气缸的燃料燃烧产生动力
   B. 保证汽车按照驾驶员的操作正常行驶
   C. 装载货物和乘客的地方
   D. 中断动力传递

二、问答题

1. 汽车设计师会从其他设计学科中汲取灵感，请举例说明。
2. 曲柄连杆机构的作用是什么？
3. 汽车轻量化实现的主要途径有哪些？

第 4 章
汽车工匠精神

微课 7

4.1 品鉴汽车故事

汽车从 1886 年诞生至今，走过了 130 多年的历程。在这期间诞生了一大批汽车制造公司，涌现出一大批为汽车工业的诞生和发展做出过重大贡献的名人。介绍他们的故事，讲述他们的经历，回顾他们的一生，其间有艰难、有起伏、有赞美、有曲折、有辉煌，也有失败。汽车工业和汽车技术得以发展，离不开各国人民发挥各自的智慧和才能，是世界人民共同努力的结果。

4.1.1 汽车之父——卡尔·本茨

卡尔·本茨（图 4-1），德国著名的戴姆勒-奔驰汽车公司的创始人之一，现代汽车工业的先驱者之一，人称"汽车之父"。

本茨 1844 年出生于德国，从小喜爱自然科学，先后就读于卡尔斯鲁厄文理学院和卡尔斯鲁厄综合科技大学，较为系统地学习了机械构造、机械原理、发动机制造、机械制造经济核算等课程，为日后的发展打下了良好的基础。

在先后从事了卡尔斯鲁厄机械厂学徒、制秤厂的设计师、桥梁建筑公司工长等工作后，1872 年，本茨决定要创建一个以自己名字命名的"奔驰铁器铸造和机械工厂"。但由于受到经济不景气的影响，工厂成立之后面临倒闭。无力偿还朋友借款的本茨在

图 4-1　卡尔·本茨

穷困潦倒中想起了老师的"资本发明"理论，决定制造可以获取高额利润的发动机作为人生的转机。在这场冒险开始后，本茨投入到对发动机的学习中，并拿到了制造四冲程发动机和双冲程发动机的生产执照。

1879年，他发明了第一台单缸煤气发动机，但这并没有改变奔驰公司的经济窘境，破产的威胁依然存在。这位不服输的德国人，经过多年努力后，终于在1886年研制成功了单缸汽油发动机，发明了第一辆不用马拉的三轮车。该车前轮小，后轮大，发动机置于后桥上方，动力通过链和齿轮驱动后轮前进。该车已具备了现代汽车的一些基本特点，如电点火、水冷循环、钢管车架、钢板弹簧悬架、后轮驱动、前轮转向和制动手把等，其齿轮齿条转向器是现代汽车转向器的鼻祖。

1906年，本茨和他的两个儿子在拉登堡成立了奔驰父子公司。在发明汽车的过程中，本茨的勇气令人钦佩：第一，他甘心清苦，埋头于自己的发明工作；第二，他果敢地摒弃了在技术上已十分成熟的蒸汽机，而选用了并不被人看好的内燃机作为动力，反映了他在观念上的巨大转变；第三，他既能开发生产反映汽车技术最高水平的"高档车"，又能及时调整产品结构，组织生产适销对路的"普通车"，为公司赢得可观的利润，说明他既有工程师的基本素质，又有企业家的经营技巧。

1926年，本茨的汽车公司与戴姆勒汽车公司合并，成为戴姆勒-奔驰公司。此时已经82岁的本茨亲眼见证了这个将在日后叱咤风云的德国汽车巨头的成立。本茨和戴姆勒的继承人不负众望，使戴姆勒-奔驰汽车公司成为世界上第一流的汽车公司。

4.1.2 汽车鼻祖——戈特利布·戴姆勒

戈特利布·戴姆勒（图4-2）发明了高速内燃机、摩托车和四轮汽车，他既被誉为"汽车鼻祖"，又被称为"摩托车之父"。

戴姆勒1834年出生于德国一个手工业家庭。他自小聪慧过人，曾在制枪匠手下当过学徒，出徒时已能制造双管手枪。后来，戴姆勒就读于斯图加特技术学校，毕业后就职于道依茨发动机公司，先后改进了奥托式四冲程发动机并发明了戴姆勒卧式发动机。1882年，戴姆勒同好友威廉·迈巴赫（Wihelm Maybach）一起从事高速内燃机的研制工作，终于在1883年成功研制出世界上最早的内燃机。1885年，他又研制出第二台立式单缸内燃机，并把该发动机装到一辆骑士牌自行车上，从而诞生了世界上第一辆摩托车（图4-3）。

图4-2 戈特利布·戴姆勒

1886年，为了庆祝妻子43岁生日，戴姆勒将一辆马车进行了改装：他拆下车轴，装上链条和自己设计的立式单缸汽油发动机，并装上了转向装置，于是，世界上第一辆四轮汽车诞生了（图4-4）。

图4-3　第一辆摩托车　　　　图4-4　第一辆四轮汽车

4.1.3　设计之王——威廉·迈巴赫

威廉·迈巴赫（图4-5）被誉为"设计之王"。他1846年出生于德国，在他上学期间，学校的创建者和负责人发现了迈巴赫在技术方面的天赋并很好地培养了他，这为他日后的发展打下了深厚的基础。

1865年，迈巴赫与戴姆勒初次见面。年仅19岁的迈巴赫凭借自己在绘图方面非凡的天分，很快引起了戴姆勒的注意。相同的兴趣和爱好使两人成为亲密无间的挚友。

1882年，迈巴赫开始与戴姆勒着手研究和开发轻型高速内燃发动机。经过细致广泛的研究，迈巴赫发明了不规则热管点火系统，该系统是研发高速发动机的重要部分。他们又对市场上原有的内燃机进行技术改进，经过不懈努力，发动机的转速得到

图4-5　威廉·迈巴赫

大幅提升，这些发明专利为后来的商业化道路奠定了良好的基础。

1919年，迈巴赫父子在4个梅赛德斯轿车的底盘上建造了第一辆试验车W1（图4-6），并进行了全面的实地测试，这就是第一辆迈巴赫轿车。

迈巴赫一生最大的传奇在于创造了两个举世闻名的豪华品牌：梅赛德斯和迈巴赫。他是戴姆勒-奔驰公司的三位主要创始人之一，也是世界首辆梅赛德斯-奔驰汽车的发明者之一。

图 4-6　第一辆迈巴赫轿车 W1

4.1.4　汽车大王——亨利·福特

福特 1863 年出生于美国密歇根州。亨利·福特（图 4-7）是福特汽车公司的建立者，他被誉为"给世界装上车轮子的人"，是全球知名的"汽车大王"。他从小就对机械感兴趣。12 岁时他花了很多时间建立了一个自己的机械坊，15 岁时他亲手造了一台内燃机。1879 年，他离开家乡去底特律做机械师学徒工，学成后他进入西屋电气公司。1891 年，福特成为爱迪生照明公司的一位工程师。当他 1893 年晋升为主工程师后，他有足够的时间和钱财对内燃机进行研究。1896 年，他制造了他的第一辆汽车，将它命名为"四轮车"。

图 4-7　亨利·福特

福特于 1903 年建立了福特汽车公司。他新设计的车只用 39.4 秒就开过了一英里，当时一个著名的赛车运动员将这辆车命名为福特 999 型，并带着它周游美国。这样一来福特在美国就出名了。1908 年，福特公司推出了福特 T 型车（图 4-8）。从 1909 年至 1913 年，福特 T 型车在多次比赛中获胜。1913 年，福特将流水线引入他的工厂，从而大大地提高了生产效率。1918 年在美国运行的汽车有一半以上是 T 型车。

到 1927 年福特一共生产了 1500 万辆 T 型车，此后 45 年内这一销售纪录未被打破。

福特是世界上第一位将装配线概念进行实际应用并获得巨大成功的人，并且以这种方式让汽车在美国真正普及化。这种新的生产方式使汽车成为一种大众产品，它不但革新了工业生产方式，而且对现代社会和文化起了巨大的影响，因此有一些社会理论学家将这一段经济和社会历史称为"福特主义"。

图 4-8　福特 T 型车

4.1.5　赛车之父——恩佐·法拉利

恩佐·法拉利（Enzo Ferrari）（图 4-9）是法拉利公司的创始人，世界著名赛车手，他在汽车制造业中享有盛誉，被称为"赛车之父"。

法拉利于 1898 年出生于意大利，10 岁那年父亲带他观看了一场汽车比赛。赛车场那集惊险、刺激于一身的惊心动魄场面深深地吸引了他，他盼望着自己也能成为一名优秀的赛车手。13 岁那年，他千方百计地说服父亲，允许他单独驾驶汽车。1920 年，22 岁的法拉利凭借自己的聪明才智，在意大利的阿尔法·罗密欧汽车公司工作。当时，其跑车设计方面的天赋已初露锋芒。

图 4-9　恩佐·法拉利

1945 年，他请来了优秀的发动机专家科伦布任首席工程师，并汇集了一批天才工匠，在极其简陋的条件下手工制造赛车。1947 年，第一辆以"奔马"为象征的法拉利汽车诞生。1948 年，法拉利赛车夺得罗马汽车赛冠军，"奔马"的形象一夜之间传遍了欧洲。由于赛车的性能需要在赛车场上才能得到检验，因此，法拉利积极参加各种汽车大赛，借以检验、宣传自己的赛车。法拉利赛车并未辜负他的期望，先后夺得过多项桂冠。1956 年，经过法拉利改造的蓝旗车一举夺得了世界一级方程式赛车年度总冠军。这一连串的胜利，奠定了法拉利赛车在世界车坛至高无上的地位。他设计的 F1 型赛车在世界性大赛上共获得 100 多项桂冠，至今尚无哪一种赛车能够打破该项纪录。

法拉利除了制造赛车并参加大赛以外，还积极策划制造法拉利跑车，寻求以车养车，即用出售跑车所获得的利润以实施自己的赛车计划。由于法拉利声誉极高，多次为国家争得过荣誉，成为意大利汽车业的形象代表。

多年以来，汽车界已经形成共识：只要提到法拉利，就会想到法拉利赛车和跑车；只要提到汽车科技的先进水平，就会想到红色的法拉利。法拉利车集技术性、艺术性于一体，采用了半机械、半手工化的加工工艺，质量一丝不苟，堪称稀世珍品。

4.1.6 蒸汽机汽车发明者——尼古拉斯·约瑟夫·库诺

尼古拉斯·约瑟夫·库诺（图 4-10）是法国著名的军事工程师，世界第一辆机动车的设计和制造者，也是真正意义上发明第一辆蒸汽机汽车的人。

1769 年，在法国陆军大臣资助下，经过 6 年苦心研究，库诺成功地制造出世界上第一辆完全依靠自身动力行驶的蒸汽汽车。

1771 年，库诺又研制成功了更大型的蒸汽机汽车，时速增加到 9.5km，可牵引四五吨的货物。该车现在珍藏在巴黎国家艺术及机械陈列馆。1804 年，库诺去世。在他去世 80 多年后，才出现真正意义上的汽车。

图 4-10　尼古拉斯·约瑟夫·库诺

4.1.7 四冲程内燃机发明人——尼古拉斯·奥托

尼古拉斯·奥托（图 4-11），1832 年出生，是一位德国科学家，发明了四冲程内燃机（图 4-12）。它的诞生使人类研制汽车的梦想变成现实。

1861 年，29 岁的奥托从报纸上看到了有关法国人勒努瓦研制煤气内燃机的消息后，大受启发，并着手研制。1862 年，他的中压煤气内燃机在考愣琴试验成功，他认识到内燃机压缩行程的重要性，经过进一步研究，发明了分层充气。1864 年，他与合作伙伴朗根，在德国的科隆建造了世界上第一家内燃机制造厂。

图 4-11　尼古拉斯·奥托　　　图 4-12　四冲程内燃机

1876 年，他终于制造出了由进气、压缩、做功、排气四个过程组成的四冲程内燃机。经过改进，于 1877 年申请专利，在 1878 年法国举办的国际博览会上展出了他制作的卧式气压煤气内燃机，并进行了公开表演。之后这种内燃机由于效率高而被大量采用，他的发明为后来的汽车发动机奠定了基础，其发动机的原理被称为"奥托循环"。

4.1.8　中国汽车工业奠基人——饶斌

饶斌是中国汽车工业的奠基人和开拓者。他 1913 年出生于吉林省吉林市，历任哈尔滨市市长、第一汽车制造厂厂长、第一机械工业部副部长、第二汽车制造厂厂长、第一机械工业部部长、中国汽车工业公司董事长等职务。

1952 年，饶斌被任命为第一汽车制造厂厂长。1953 年 7 月，一汽正式奠基。在饶斌等人的带领下，在党员干部和全体工人的努力下，在全国各地的支援下，短短三年，一汽拔地而起。

1956 年 7 月，第一辆解放牌 4t 载货汽车诞生了，结束了中国不能制造汽车的历史。

1958 年，"东风"汽车和"红旗"轿车相继在一汽诞生，为民族汽车工业再次写下了浓重的一笔。

1964 年，中共中央决定建立第二汽车制造厂，饶斌又受命组建第二汽车制造厂。饶斌决心要吸取建设一汽的经验教训，把二汽建设成为我国自己设计、自己建设、有一系列生产能力的现代化汽车制造厂。在一汽，他工作了7年，而在二汽，他一干就是16年。中国两个重要的汽车制造厂的建设，都凝聚着饶斌的心血。饶斌为中国汽车工业所做的贡献，也一直为国人所铭记。

4.1.9 中国汽车技术奠基人——孟少农

孟少农是汽车设计专家，中国科学院学部委员（院士），中国汽车工业的创始人，汽车技术领域的奠基人。

孟少农1915年出生于北京市。

孟少农童年在北京生活，1935年考入清华大学。1937年"卢沟桥事变"后转长沙临时大学。1940年西南联合大学招考一批留美公费生，孟少农以出色的成绩被录取。1941年他赴美留学，进入著名的麻省理工学院机械系。1943年获麻省理工学院汽车专业硕士学位。1946年回国后，任清华大学机械系教授，并创办了我国第一个汽车专业。1952年，孟少农被任命为第一汽车制造厂总工程师、副厂长。在这期间他主持技术引进，组织人员培训，为一汽按时投产做出了卓越贡献。在一汽期间，他根据工厂发展和管理需要，创办了长春汽车工业学校，培养了一大批中级汽车技术人才。1971年5月，孟少农调到陕西汽车制造厂主管技术工作。他针对陕西汽车制造厂的产品发展问题，大胆改革设计，使"延安"牌250型军用越野车于1973年通过国家定型，从而投入生产。

1978年，孟少农由陕汽转战到二汽。在二汽期间，他主持创建了湖北汽车工业学院，为中国汽车工业培养了大批技术和管理人员。

孟少农成功地领导了中国第一汽车制造厂、陕西汽车制造厂和第二汽车制造厂几代产品的研制和开发，为我国汽车工业的发展做出了重要贡献。

4.1.10 中国内燃机和汽车工程教育奠基人——潘承孝

潘承孝，汽车和内燃机专家，中国内燃机和汽车工程教育的奠基人之一。

潘承孝1897年出生于江苏省苏州市，小学和初中在苏州度过，1912年转到北京汇文中学，1915年考入唐山工业专门学校。1921年，他以机械系第一名的优异成绩毕业，被交通部保送公费留学美国。

在20世纪20年代，当汽车、内燃机还是一门新学科时，潘承孝就远赴重洋到美国学习这门学科。回国后，在20世纪30年代，我国工科大学中开设这两门课程还屈指可数，潘承孝是最早讲授这两门课程的教授之一。

当时有"南黄北潘"之称。南黄，即南方有上海交通大学黄叔培教授；北潘，即北方有潘承孝。当时我国尚无自己的汽车工业，但无疑他已为祖国的汽车工业播下了人才的种子。潘承孝从事工程教育60多年，有丰富的办学经验，为发展祖国汽车工业培养出大量人才，付出了毕生心血。

他主张理工结合，强调基础理论的教育和实践能力的培养，走教学、科研、生产三结合的道路，为祖国的汽车理论教育事业做出了重大贡献。

微课8

4.2 传承工匠精神

工匠精神不仅是职业素养的要求，也是良好品质的代表。汽车工匠精神是工匠精神在汽车领域的传承。对青年一代而言，这一精神并不遥远，其中蕴含的爱岗敬业、精益求精、勇于创新、耐心专注等品质，与我们的生活息息相关。因此，我们更应担起肩上的责任，继承并发扬工匠精神，为中华民族屹立于世界民族之林而不懈奋斗。

4.2.1 从高考落榜到高端发动机制造挑大梁——杨永修

杨永修是一名数控技术工人，更是我国汽车制造领域的大国工匠。他攻克了高端发动机精密制造技术，获得全国技术能手、全国五一劳动奖章等多项荣誉。

杨永修毕业于长春汽车工业高等专科学校数控专业。毕业后，他成为一汽技术中心的一名工人。之后他转入数控岗位。一汽拥有一大批优秀的技术工人且其中很多是大国工匠，企业技术传承文化浓郁，杨永修的快速成长也得益于此。

对杨永修而言，加工设备操作难度越高，操作系统越复杂，就越能激起他的学习欲望。凭借这股劲头，杨永修不仅能熟练操作进口数控系统，还具备了多款软件编程、多台数控设备操作和复杂刀具设计改制等技能，这让他在高端发动机制造、精密零部件研制等领域大显身手。他能把高端发动机缸体、缸盖垂直度和同轴度等制造精度做到头发丝直径的三分之一，把精细的图纸参数加工成精密缸体；他能改装进口数控机床使其拥有更多功能；他拥有多项国家专利，成为"发明大王"；他还是车间里多位知名高校毕业生的师傅。

在立式四轴加工中心精密加工技术研究中，他提炼出三步操作找正法，转台调试时间由原来的 35 分钟缩短至 10 分钟，效率提升 70% 以上，精度达 0.012mm 以内。

他还依托师徒工作间和劳模创新工作室，开展快速试制、集成制造等多项试制技术研究，培养了一批高技能人才。

看到大街上搭载自主研发发动机等关键零部件的红旗牌汽车越来越多，杨永修特别高兴。他说："把民族汽车品牌搞上去是一汽人的使命，我愿意扎根东北，扎根一汽，与同事们一道攻关，为攻克更多的卡脖子技术贡献自己的力量。"

4.2.2 潜心深耕技能，聚力"中国智造"——王树军

王树军是潍柴动力股份有限公司的一名首席技师，从事高端智造设备维修工作。

1993 年，王树军从潍柴技校毕业后，来到潍柴 615 厂维修老式机床。"维修现场很直接，技术不行，解决不了问题，没人看得起你。"班组老师傅的话让王树军迅速端正了工作态度，学好技术、钻研业务从此成了铁律。

5 年后，王树军开始独当一面。2001 年，他成了维修班班长。2003 年，潍柴筹建新工业园，他有了接触更多高端设备的机会。然而，设备安装初期，负责调试的外方人员态度傲慢、处处设防，废品率高达 10%，让团队一筹莫展。王树军在原设计的基础上加装夹紧力自平衡机构，将废品率控制在 0.1% 之内，为中国技能工人赢得了尊重。借此，他提出成立中外联合设备调试小组，第一次让中国维保人员进入国外高精尖设备调试"禁区"。联合调试仅 4 个月，就解决技术难题 72 项。

为破除国外垄断，王树军深入研究分析国外高端装备技术。他独创了"机械传动微调感触法"，成功排除设备故障；独创了"垂直投影逆向复原法"，成功解决技术难题。

维修工作是主业，但王树军认为只有自主"造血"，才能消除生产瓶颈。2016 年，潍柴推出一款引发行业震动的高端战略产品，这是名副其实的"中国心"。

王树军带领团队采用"加工精度升级、智能化程度升级"的方式，先后升级设备 12 台、自制装备 33 台，大幅缩短新产品市场投放周期，同时节约设备采购费用 3000 多万元。独创的"反铣刀铣削法"，不仅解决了加工难题，生产效率还提高了 41%。

从简单实用的"气缸盖手铰自动化"项目，到以"多机型挺柱自动装配单元"为代表的集视觉引导、机器人辅助、伺服控制的众多高端项目的纷纷投产，王树军带领团队为企业直接创造经济效益 2.62 亿元，更重要的是培养出一支敢想敢干、勇于创新

的装备保障队伍，实现从维修工到设计师的华丽蜕变。

王树军从一名普通的潍柴技工学校毕业生，逐步成长为大国工匠，并获得"大国工匠"年度人物、全国劳动模范、全国技术能手、泰山产业领军人才等荣誉称号，在他看来，背后正是工人阶级不服输的倔劲。

4.2.3 技能改变人生——杨山巍

1997年出生的杨山巍凭借其技能特长，在2017年第44届世界技能大赛上获得了车身修理项目金牌，并在赛前就拿到了上汽集团的录用通知。现任上汽集团乘用车分公司制造工程部工程师。

2012年，杨山巍从松江区九亭中学毕业。中考失利的他在家人建议下，选择在上海市杨浦职业技术学校汽车专业就读。对汽车钣金一无所知的杨山巍到学校后，看到学长把一辆残破的旧车经过切割、焊接，"改造"为近乎崭新的汽车，便对"汽车外科医生"这一职业心生向往。

世界技能大赛被誉为职业技能界的"奥林匹克"，有来自多个国家的选手同台竞技，除了来自职业院校的师生，还有世界顶尖企业的技能名师，竞争非常激烈。

为让成绩更进一步，每位青年技能人都离不开苦练功夫。杨山巍每天从早晨6点到晚上11点甚至更晚，除了吃饭，所有时间都是在训练室中度过的。据不完全统计，杨山巍在集训期间训练磨损的各种钻头达300多个，消耗的各种打磨片近1000块。经过对标实际操作的精准训练和良好的应赛状态，杨山巍最终代表中国获得了第44届世界技能大赛车身修理项目的金牌。

从世界技能赛场到上汽工厂，自上海市杨浦职业技术学校毕业的青年小将杨山巍收获了世界500强名企岗位，得到了市级、国家级多重荣誉。苦练技能、勇夺金牌、人才落户、进入名企、打磨技术……这些关键词串联起了杨山巍在逐渐重视技能时代下打破"重学历、轻技能"偏见的个人经历。

4.2.4 一人一生一事——赵郁

赵郁，全国劳模、全国技术能手、"中华技能大奖"荣誉获得者、北京奔驰汽车有限公司汽车装调首席技师，第一位获得北京经开区"博大贡献奖"的蓝领工人。

赵郁1988年进入北京吉普汽车有限公司，成为一名装调工。进厂初期，赵郁就靠一项小发明一鸣惊人。当时，他负责前风窗玻璃装配。装汽车风窗玻璃看似简单，但在安装过程中用劲儿稍有不均，玻璃就会碎裂。赵郁经过多次观察和试验，解决了这一难题，创造了连续装 1000 块前风窗玻璃不破碎的纪录。

2005 年，北京吉普"变身"北京奔驰，豪华汽车品牌生产装配技术引入国内。从此，在工作间隙，他独自研究汽车构造原理和维修知识。很快，他由一名普通装配工成长为一名汽车维修高级技师，并成为公司唯一一位荣获"首席"头衔的蓝领技术工人。

2009 年，赵郁被派到德国奔驰总部接受新车型试装培训，没想到整套新车型线路图里面的文字、电路图标注全是德文。之后几个月里，白天，赵郁寸步不离地跟随着德国工程师，向他们请教电路图的各种问题；晚上，他回到驻地后的第一件事，就是先把记录名称标注到电路图纸上；深夜，他又开始自学德语，认真揣摩车型电路。经过 3 个多月的努力，赵郁和同事们弄清了电路图中所有接点与端子，连德国人都被中国工人的好学精神感动了。一年之后，赵郁一回国便全程参与了北京奔驰第一款为中国市场设计的 E 级车的总装。赵郁自工作起 30 多年来始终扎根一线，创新这个词一直贯穿他的职业生涯。

2010 年，以赵郁名字命名的创新工作室正式成立，为青年技工提供了实现梦想的平台。经过几年的技术攻关与创新活动开展，赵郁工作室制作出各类不同功能、新颖实用的教学教具，提出了新的培训理念和培训方法。赵郁创新工作室是北京市首批创新工作室之一，先后被评为北京市首席技师工作室、国家级技能大师工作室、全国示范性劳模创新工作室……一个个奖项、荣誉，都是赵郁一步一脚印，靠着自己的坚韧、执着走出来的。

4.2.5 用行动诠释"汽车人"的工匠精神——李元园

李元园，2022 年重庆五一劳动奖章获得者、长安汽车一级技能师、中国兵器装备集团技能带头人，享受国务院政府特殊津贴。

李元园 2001 年毕业后进入重庆长安汽车股份有限公司工作，从零开始学习装配，并利用空闲时间仔细研究汽车电器的特性、原理和结构。32 本汽车电器相关书籍、15 个笔记本，他对汽车电器的调试用"狂热"和"痴迷"来形容最合适不过。

两江工厂作为长安汽车战略的重要生产基地，在总装二车间 UNI-V 提质上量这场攻坚战中，李元园与团队一起全面介入、主动担当，为工厂新车型、新技术、新功能维修技术攻坚克难，将维修操作方法、经验和技巧编写成培训教案和课件。

他建立智能化体验评价标准，以客户视角改善产品质量，并坚持以合理化建议、精益改善为平台，积极融入质量改进和新品问题整改工作，解决制约质量提升的瓶颈问题。深入开展改良改善、技师攻关、质量问题排查等降本增效活动，并取得了突出成绩。他牵头实施完成了10余项技师攻关项目，为公司节约成本200余万元。

面对公司、工厂智能制造转型变革，李元园创新突破，牵头组织开展两江工厂智能化人才培训，初步拟定整车电控系统、综合电检开发、数据平台应用等10多种课程。通过对智能化人才不断赋能，助推工厂生产目标达成。

他深切知道"没有完美的个人，只有完美的团队"。作为技能带头人，他充分发挥传、帮、带作用，潜心培养调试技能人才，理论联系实际的方式缩短高技能人才培养周期，使学员获得"兵装集团技能带头人""重庆市青年岗位能手""市级技能大赛一等奖"等荣誉。

在走访市场中，李元园坚持以客户为导向，倾听客户心声、理解客户需求，全力以赴满足客户需求。2021年牵头单位"服务专家直达一线"项目，单位服务积分排名第一。

汽车调试工作乐趣与无趣并存，在日复一日的调试工作过程中，李元园在用好双手的同时不断开动大脑，钻研技术、锻炼技能。他注重将所学的理论知识应用于工作实际，带领团队，攻克一个又一个汽车调试难关，稳扎稳打，出色地完成每一次工作交付。他清楚，只有踏踏实实不忘初心，一步一个脚印，才能在平凡的工作岗位上，创造出不平凡的业绩，从而成为一名合格的工匠兵。

思考与练习

在线测试4

一、选择题

1. 在汽车制造过程中，工匠精神主要体现在（　　）。
【单选题】
   A. 追求卓越品质　　　　　B. 注重细节
   C. 持续改进　　　　　　　D. 以上都是

2. 汽车工匠精神的核心价值观是（　　）。【单选题】
   A. 效率优先　　　　　　　B. 品质至上
   C. 客户第一　　　　　　　D. 创新驱动

3. 为什么说汽车工匠精神对于汽车产业的发展至关重要？（　　）【单选题】
   A. 提高产品质量　　　　　B. 提升品牌形象
   C. 推动技术创新　　　　　D. 以上都是

4. 在汽车工匠中，具备哪些品质是必需的？（　　）【单选题】
   A. 精湛的技艺　　　　　　B. 丰富的经验
   C. 创新思维　　　　　　　D. 以上都是

5. 如何培养新一代汽车工匠的精神？（　　）【单选题】
   A. 加强技能培训　　　　　B. 强调实践操作
   C. 引入激励机制　　　　　D. 以上都是

二、问答题

1. 你知道的汽车界的名人有哪些？
2. 你认为汽车工匠精神的内涵是什么？

第 5 章
汽车创客创意

创客已成为推动新一轮汽车产业革命的新引擎，万众创新给予了更多人参与创新、成就梦想的机会，但还需要不断完善开放创新的生态系统。在此过程中，社会多方力量需要共同协作，发挥各自优势，分享经验和资源，共同降低创新门槛，激励创客精神，培育创客文化。只有这样，才能加快创新的步伐，拓展创新的领域，增强创新的深度，从而让创客星星之火加速燎原神州大地，推动整个社会进入一个新的创新时代。

微课9

5.1 穿越经典创客

"创客"一词来源于英文单词"Maker"或"Hacker"，可以从狭义和广义两个层面去理解——狭义上的创客是指那些酷爱科技、热衷实践、乐于分享，努力把各种创意转变为现实的人；广义上的创客是指有创意，并且能够付诸实践进行创新的人。

5.1.1 创客运动"源"来已久

创客运动的源头至少可以追溯到20世纪盛行于欧美的DIY（Do-It-Yourself，简称"DIY"）动手活动热潮和黑客社区的黑客文化。DIY表现为不依赖专业工匠，通过利用适当工具与材料进行修缮工作，之后慢慢演变成发挥个人创意的一种风潮。美国《连线》杂志前主编、3D Robotics公司CEO克里斯·安德森（Chris Anderson）在《创客：新工业革命》一书中指出，有成千上万的企业家从"创客运动"中崛起，将DIY精神工业化。

自20世纪80年代以来，中国的DIY风潮也开始流行。从制作家具、组装半导体到钻研音响设备、修理家电等，人们热衷于自己动手制作而非购买成品。随着计算机产业的兴起，"攒电脑"也从北上广深等一线城市迅速风靡全国。至2010年，中国第一个成规模的创客空间"新车间"在上海建立，标志着创客文代在中国的正式落地。2012年，深圳柴火空间获得了美国MAKE杂志的官方授权，举办了首届Maker Faire中国版活动——制汇节·深圳，进一步推动了创客文化在中国的普及。随着时间的推移，深圳制汇节的规模和影响力不断扩大，成为国内外知名的创客盛会之一（图5-1）。

图5-1　2023深圳制汇节

为了营造双创新生态，政府发布了一系列政策文件，如《关于发展众创空间推进大众创新创业的指导意见》《国务院关于大力推进大众创业万众创新若干政策措施的意见》《关于推动创新创业高质量发展打造"双创"升级版的意见》《国务院办公厅关于推广支持创新相关改革举措的通知》《促进创业投资高质量发展的若干政策措施》《国务院办公厅关于进一步支持大学生创新创业的指导意见》等，推动形成创新创业热潮。

总的来说，从早期的草根探索到政府大力推动的大众创业、万众创新，创客已经与产业和大众紧密连接，创客运动已上升到国家战略层面。

5.1.2　汽车工业历史上的经典创客

在汽车工业的发展历程中，创客始终无处不在。无论是过去还是现在，每个时代都有着众多创客的身影。他们凭借创新思维和卓越技能，不断推动着汽车技术的进步和改良，为行业的发展注入源源不断的活力。

1. 创客之见微知著

见微知著是创客精神的重要理念之一，它强调创客需要具备高度的观察力、发现问题和解决问题的能力。

（1）三点式安全带

1958年，沃尔沃汽车公司聘请尼尔斯·博林（Nils Ivar Bohlin）负责安全设计，他发现当时的两点式贯穿腰部的带扣安全带在紧急制动或碰撞时存在严重的安全隐患。为减少车祸事故中的人员伤害，博林专注于改进安全带技术，在不到一年时间内，他设计出了更为简便而有效的三点式安全带，如图 5-2 所示。该技术于 1959 年首次运用在沃尔沃汽车上。在之后的 50 年里，由博林发明的三点式安全带挽救了超过一百万人的生命。直至今天，三点式安全带仍然是汽车中最重要的独立安全装置。

（2）安全气囊

安全气囊是由美国发明家约翰·赫特里克（John Hetrick）（图 5-3）于 1952 年发明的，他因遭遇一次

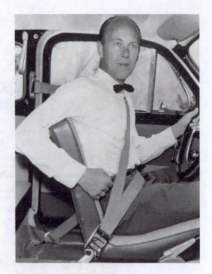

图 5-2　尼尔斯·博林与三点式安全带

事故而产生了设计撞车安全装置的想法。在那次事故中，约翰为躲避一个障碍物而猛打方向盘进行制动，他和妻子都本能地用手臂保护坐在前座中间位置上的女儿，这让他意识到必须有一个良好的方法来保护乘员。两周后，他设计出了安全气囊的雏形，并于 1953 年获得了相关专利。

但是，安全气囊在推广过程中经历了波折，直到 1984 年美国实施了汽车碰撞安全标准，才确认了其作用。如今的安全气囊由传感器、气囊、气体发生器，以及处理器等组成，一般隐藏在车内前方（正副驾驶位），侧方（车内前排和后排）和车顶三个部位，如图 5-4 所示。当汽车发生的碰撞满足触发条件时，气囊就会弹出。保护乘员的安全。

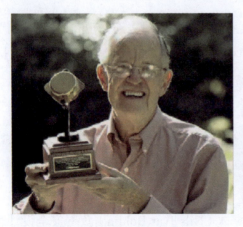

图 5-3　约翰·赫特里克

图 5-4　安全气囊

（3）车身

哈弗是中国汽车制造商长城汽车旗下的品牌，哈弗工程师们注意到传统的车身结构在碰撞时容易产生变形和损坏，从而对乘客的安全构成威胁。为了解决这个问题，哈弗汽车采用了高强度钢和先进的焊接技术，改进了车身结构，提高了碰撞安全性能。

第三代哈弗 H6（图 5-5）采用包洛式骨架及激光焊接车身，高强度钢应用比例高达 71.61%，远超同级甚至部分合资车型。同时，其防撞梁采用 980MPa 超高强钢辊压工艺，提升碰撞性能。

图 5-5　第三代哈弗 H6

2. 创客之高效简洁

高效简洁强调通过优化流程和组织结构，提高生产和管理效率，以最少的投入获得最大的产出。

（1）福特

1908 年，福特及其伙伴将奥尔兹、利兰以及其他人的设计和制造思想结合成为一种新型汽车——T 型车（图 5-6）。T 型车采用了许多先进的制造技术及材料，用以简化生产过程，降低成本，适应简陋的乡村条件。T 型车以其低廉的价格使汽车作为一种实用工具走入了寻常百姓之家，美国亦自此成为"车轮上的国度"。

1913 年，福特将流水线生产方式运用到汽车上，这种技术被后人称为装配线（图 5-7）。装配线不仅有助于在装配过程中通过生产设备使零部件连续流动，而且便于对制造技能进行分工，把复杂技术简单化、程序化。福特发明的流水线生产方式不仅大幅度地降低了汽车成本，扩大了汽车生产规模，创造了一个庞大的汽车工业，而且使当时世界上的大部分汽车生产从欧洲移到了美国。

图 5-6　亨利·福特与 T 型车　　　　图 5-7　T 型车的装配线

（2）丰田

丰田生产方式（简称 TPS）是丰田汽车公司独创的生产管理框架，旨在优化生产效率、提升产品品质并增强生产灵活性。这一精益生产模式通过单元生产、零库存生产等策略，致力于消除浪费，并推动持续改进。

TPS 倡导人性化生产，充分发掘员工潜能，提升员工技能和工作满意度，进而推动生产效率和质量的双重提升。其中，"精益生产"强调最小化浪费，仅生产顾客所需产品，降低库存，缩短生产周期，同时确保产品质量。

TPS 还包含"Just in Time"（按需生产）和"Kaizen"（持续改进）等核心理念，这些理念共同助力提升生产效率和质量。丰田生产方式在丰田汽车公司内部得到广泛应用，并逐步成为全球制造业的标杆。

TPS 中的"单元生产"理念将生产过程划分为多个小型单元或工作站，每个单元负责完成特定任务。这种划分有助于更好地掌控整个生产过程，提升生产线的效率和灵活性，同时便于问题的及时发现和解决。

在 TPS 中，"零库存生产"或低库存生产是另一关键策略。它强调按需生产，避免原材料、半成品和成品的大量积压，从而减少成本，提高生产效率和质量。

为了推广这种生产方式，丰田喜一郎提出了"恰好赶上"的口号。这一理念在后来的公司副总裁大野耐一的进一步发展下，形成了完善的"丰田生产方式"。后来，"丰田生产方式"成为许多国家争相学习的先进经验，超越了国别和行业。

（3）比亚迪

比亚迪是中国新能源汽车行业的领军企业，其高效简洁的生产和管理方式备受赞誉。

比亚迪采用了精益生产的理念,通过减少生产流程中的浪费和进行精确的资源分配,提高了生产效率。比亚迪注重供应链的高效管理,与供应商建立了紧密的合作伙伴关系,并实施了供应链协同管理和信息共享,以确保零部件供应的及时性和质量的可靠性。同时,比亚迪实行扁平化管理,减少了层级和决策的时间成本,使信息流动更加迅速,决策更加灵活。

3. 创客之创新实践

创新实践强调创新是创造价值和解决问题的关键,需要不断地挑战已有的思维模式、实践方法和技术标准。

(1)自动变速器

1889年,法国标致发明了世界上第一台变速箱,汽车变速箱的历史也由此开始。尽管操作起来比较困难,但这一创新理念意义重大。1907年,福特汽车创新性地引入了行星齿轮变速器,实现换挡的同时不切断动力,极大地简化了驾驶操作。1939年,美国通用汽车公司首先在其生产的奥兹莫比尔轿车上装用了液力耦合器——行星齿轮组成的液力变速器。

随着汽车技术的飞速进步,自动变速器也呈现出多样化的发展态势,包括液力自动变速器(AT)(图5-8)、无级变速器(CVT)(图5-9)以及双离合器变速器(DCT)(图5-10)等。这些先进的变速技术广泛应用在不同的车型中,为驾驶者提供了更多选择和便利。

图5-8 液力自动变速器

图5-9 无级变速器

图5-10 双离合器变速器

（2）子午线轮胎

轮胎是汽车的关键组成部分之一。在早期，汽车使用的是木制车轮，但这种车轮存在重量大、悬挂效果差以及振动和噪声问题等缺陷。充气轮胎的发明成为汽车行业的一项重大创新。轮胎的演进如图5-11所示。

1888年，英国人约翰·邓禄普（John Dunlop）发明了世界上第一条充气轮胎。通过在轮胎内注入空气，使其具有良好的减震效果、舒适性和牵引力。

1946年，法国米其林公司首创了子午线结构轮胎。相较于斜交胎，子午线轮胎的纤维帘布以子午线（与轮胎中心线平行）的方式排列，显著地提高了轮胎的稳定性、承载能力和耐用性。子午线轮胎与斜交胎如图5-12所示。

随着科技和材料的持续发展，无内胎轮胎、低滚动阻力轮胎和高性能轮胎等各类创新产品在不同类型的车辆上得到广泛应用，满足了不同的驾驶需求和路面条件。

图5-11 轮胎的演进

图5-12 子午线轮胎（左）与斜交胎（右）示意图

（3）可更换式电池

传统的电动汽车充电时间较长，需要等待数小时才能完成充电。蔚来汽车采用可更换式电池技术（图5-13），用户只需将电池组推出车辆并更换为已充好的电池组，整个过程可以在几分钟内完成。在长途行驶时，用户可以更换多个充满电的电池组，从而增加整车的续航能力。这种灵活的续航扩展方式，使得电动汽车的使用更加便利，不再受限于单次充电续驶里程的限制，提高了用户的使用便利性。

图5-13 可更换式电池

4. 创客之聚沙成塔

聚沙成塔强调创客们需要具有合作和协作精神,通过集体智慧和各种资源整合,实现更大的目标。

(1)通用汽车

1966 年 10 月,通用汽车公司在美国密歇根州展示了全球第一款燃料电池汽车,这款车是以通用汽车 GMC Handivan 为原型进行改装的,被命名为 Electrovan(图 5-14)。

在 Electrovan 的研发过程中,研发团队要解决如何让燃料电池正常工作、如何将燃料电池产生的能量有效转化为电力、

图 5-14　Electrovan 燃料电池汽车

如何将电力储存起来以备使用等问题。通过 250 名团队成员历时两年的苦心研究,Electrovan 成功地实现了行驶,展示了燃料电池技术的巨大潜力和可行性。

Electrovan 代表了通用汽车公司在新能源技术领域的探索和突破,也显示了其在燃料电池汽车研发方面的领先地位。但由于成本过高,这款燃料电池汽车在当时并没有得到广泛推广。

(2)特斯拉

特斯拉(Tesla)是一家专注于电动汽车和可再生能源的美国公司,由埃隆·马斯克(Elon Musk)于 2003 年创立。

特斯拉在电池技术方面进行了多项创新和改进,提高了电池的能量密度和充电速度,从而延长了电动汽车的续驶里程,并缩短了充电时间。此外,特斯拉还设计了高效的电池包和先进的电池管理系统,提高了三元锂电池的整体性能和可靠性。

特斯拉的创新成果体现在其推出的各个车型上,其中 Model S(图 5-15)成为当

图 5-15　特斯拉 Model S

时最先进的电动汽车之一,并取得了巨大的成功。此后,特斯拉还推出了其他颠覆性的车型,如 Model 3、Model X 和 Model Y,这些车型在电动汽车市场上取得了广泛的认可和影响力。

(3)吉利汽车

1997年3月,吉利控股集团筹建汽车制造厂,开创了我国民营企业生产汽车的先河。1998年8月8日,吉利自主研发的第一辆汽车——吉利·豪情两厢轿车(图5-16)在临海正式下线,吉利成为我国首家获得轿车生产资格的民营企业。

吉利汽车注重品牌建设和技术升级,推出了多款性价比较高的车型,如吉利帝豪、吉利博越等,得到了消费者的广泛关注和好评。吉利汽车不断地积累经验、资源、人才和技术,发扬合作和协作精神,通过集体智慧和各种资源的整合,实现了更大的目标。

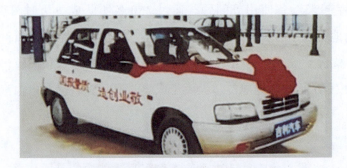

图5-16 吉利·豪情两厢轿车

微课10

5.2 体验创意制作

从汽车设计和艺术的角度来看,汽车创意制作是通过重新塑造车辆的外观、内饰和电子设备等,将个性化的创意和品位融入汽车中,使其不仅具备实用性,更提升为一种独特的艺术载体。这种创意制作方式使汽车不仅仅是一种简单的交通工具,更是车主个性、品位和态度的体现。

5.2.1 外观改装

外观改装是最直观的表现形式,包括大包围加装、尾翼加装、车身喷漆、轮毂改装和排气系统等。下面以大包围加装和尾翼加装为例进行说明。

1. 大包围加装

一般来说，汽车大包围由前包围、后包围和侧包围组成。前后包围有全包围式和半包围式两种形式，其中全包围式是将原有保险杠拆除，然后装上大包围，或将大包围套在原保险杠表面；而半包围式是在原保险杠的下部附加一装饰件。大包围加装的操作步骤见表5-1。

表5-1 大包围加装

序号	操作步骤	图示
1	清洁车辆	
2	拆卸原车包围，清洁车辆	
3	新款包围对位	
4	调整大包围	

(续)

序号	操作步骤	图示
5	打孔	
6	大包围安装完成	

2. 尾翼加装

越来越多的轿车在尾部行李舱盖外端装配了尾翼,这不仅增加了车辆的外观魅力,还使其看起来更加生气勃勃。除了美观之外,尾翼的主要功能是有效地减少轿车在高速行驶时的空气阻力,提高燃油经济性。尾翼加装的操作步骤见表5-2。

表5-2 尾翼加装

序号	操作步骤	图示
1	清洗车身	
2	尾翼定位	

(续)

序号	操作步骤	图示
3	标记孔位	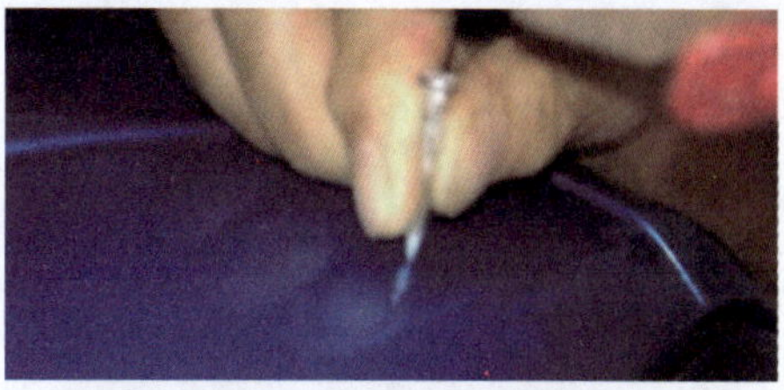
4	钻孔	
5	防水处理	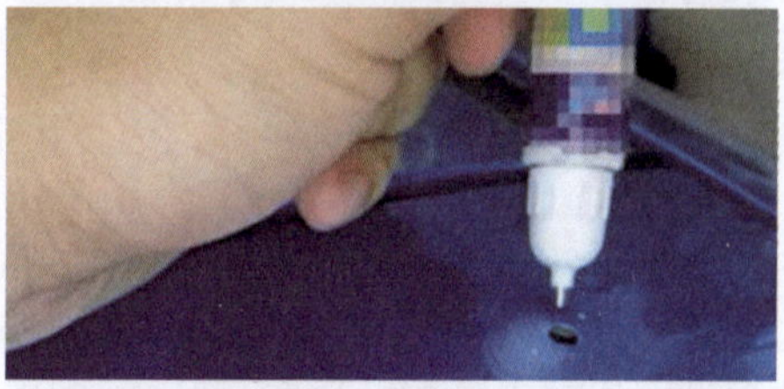
6	尾翼安装完成	

5.2.2 内饰升级

内饰升级涉及天窗、座椅、方向盘、仪表盘、照明灯等部分的更换或者改装，以营造出更加舒适、豪华或者是极具个性的驾乘体验。下面以天窗改装和内饰改色为例进行说明。

1. 天窗改装

汽车天窗通过固定式或可操作打开的形式安装在汽车顶部，打开时可以增加车内的空气流动，为驾驶员及乘客提供清新的空气，同时还可以拓宽视野，更好地满足移动拍摄的需求。天窗改装的操作步骤见表5-3。

表 5-3　天窗改装

序号	操作步骤	图示
1	清洗车顶	
2	拆卸车顶胶条	
3	裁剪车膜	
4	用喷壶向带胶一侧喷水	
5	贴膜、刮膜、烤膜	
6	裁去多余的车膜	

(续)

序号	操作步骤	图示
7	进行天窗部分的裁剪	
8	对天窗边缘进行塞边处理	
9	天窗改装完成	

2. 内饰改色

对车辆进行内饰改色,以旧车翻新的方式让车辆焕发新生,使车身内部和外部的色彩达到协调,呈现出更加美观和舒适的乘坐环境。内饰改色的操作步骤见表5-4。

表5-4 内饰改色

序号	操作步骤	图示
1	测量尺寸	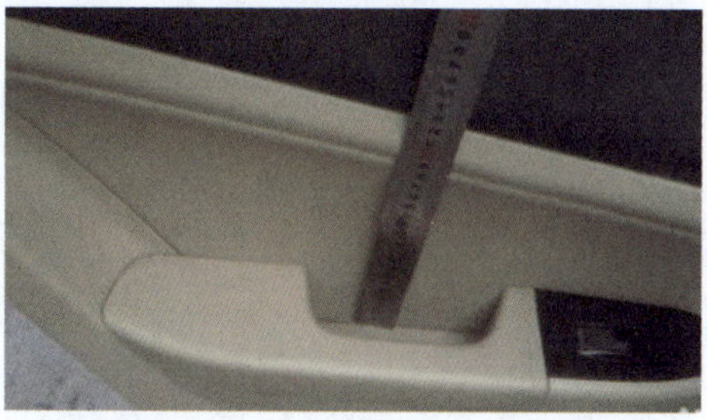

（续）

序号	操作步骤	图示
2	下料	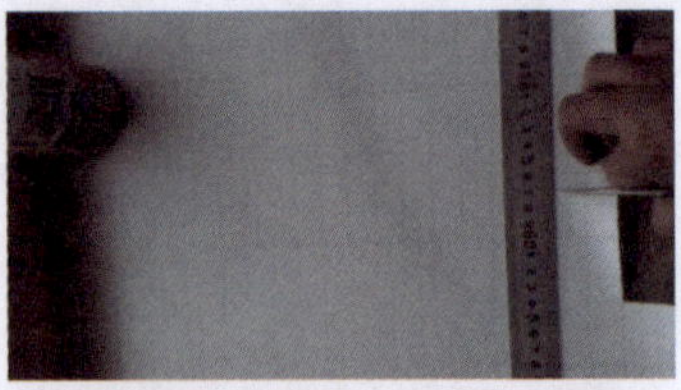
3	清洁内饰表面	
4	扩缝	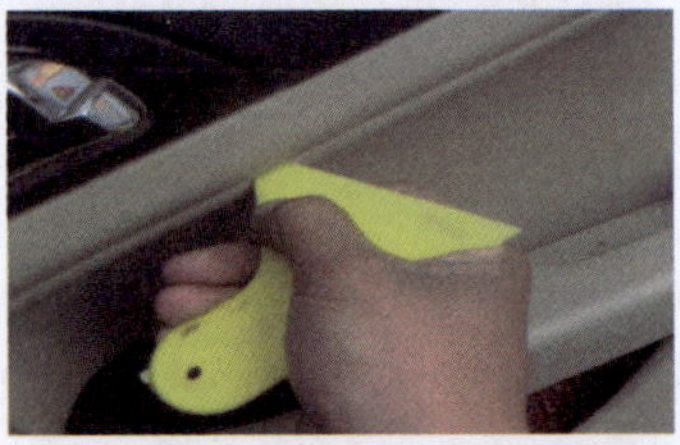
5	开始贴膜	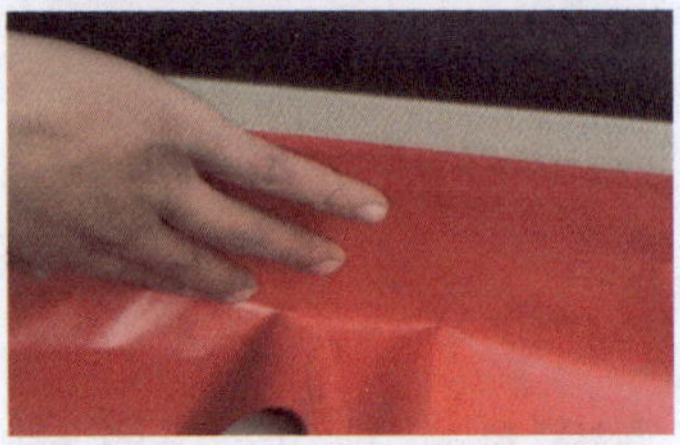
6	塞边	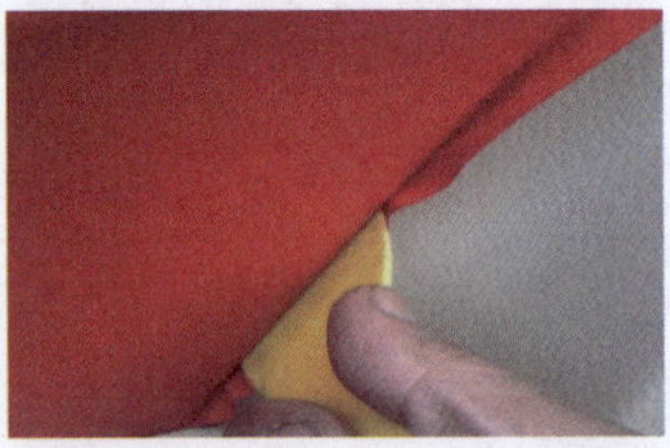
7	烤膜	

（续）

序号	操作步骤	图示
8	内饰改色完成	

5.2.3 车载电子设备安装

倒车雷达、导航系统、倒车摄像头、音响系统等车载电子设备的安装，使汽车在满足基本出行需求的同时，也具备更多的娱乐和便利功能。下面以倒车雷达装置的加装和日间行车灯的改装为例进行说明。

1. 倒车雷达装置的加装

倒车雷达是一种安全辅助装置，在倒车时帮助驾驶人"看见"后视镜里看不见的东西，以声音或者更为直观的显示告知驾驶员周围障碍物的情况，解除了驾驶员泊车、倒车和起动车辆时前后左右探视所引起的困扰，并帮助驾驶员扫除了视野死角和视线模糊的缺陷，提高了驾驶的安全性。它主要由超声波传感器、控制器和显示器等部分组成，发射范围呈圆锥状。倒车雷达装置的加装操作步骤见表5-5。

表5-5 倒车雷达装置的加装

序号	操作步骤	图示
1	量准尺寸，确定探头位置	
2	钻孔	

（续）

序号	操作步骤	图示
3	布线	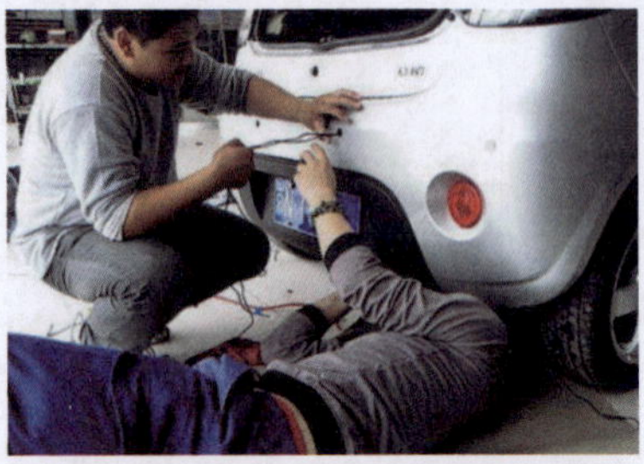
4	接线	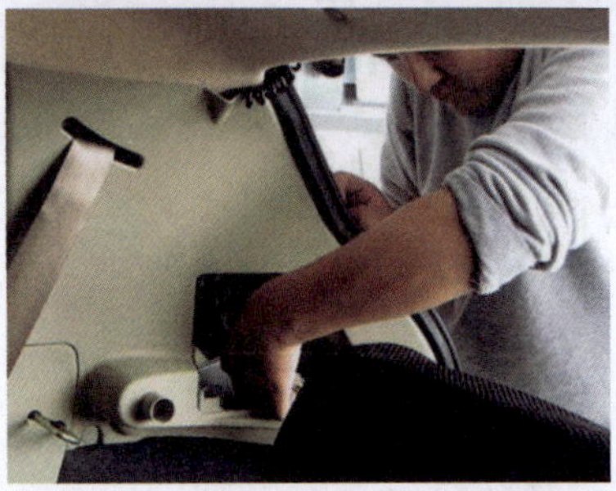
5	安装雷达小屏幕	
6	完工检查	

2. 日间行车灯的改装

日间行车灯是一种安装在车辆前端的灯具，主要在白天使用，用于提高车辆的可见性，从而降低交通事故的风险。据统计，开启日间行车灯，可降低12.4%的车辆事故，同时也可降低26.4%的车祸死亡概率。日间行车灯的改装步骤见表5-6。

表 5-6　日间行车灯的改装

序号	操作步骤	图示
1	作业前准备工具	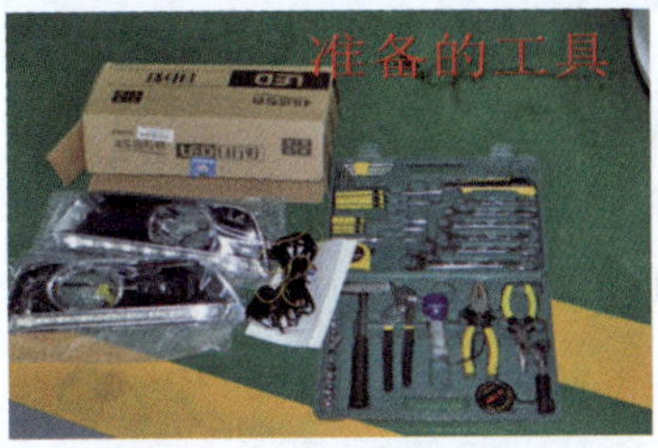
2	拆卸灯槽	
3	两灯罩进行对比	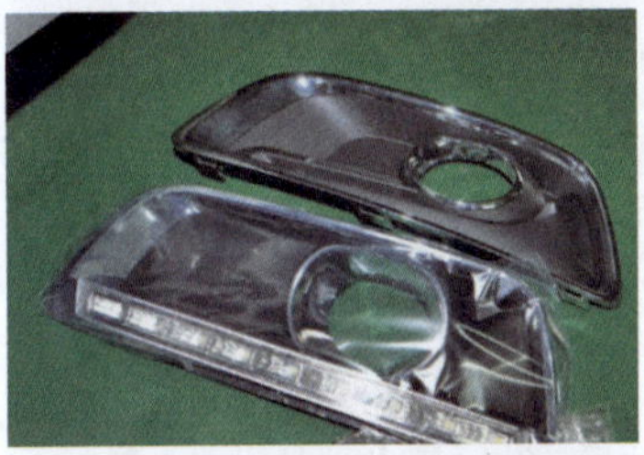
4	车轮向右打死	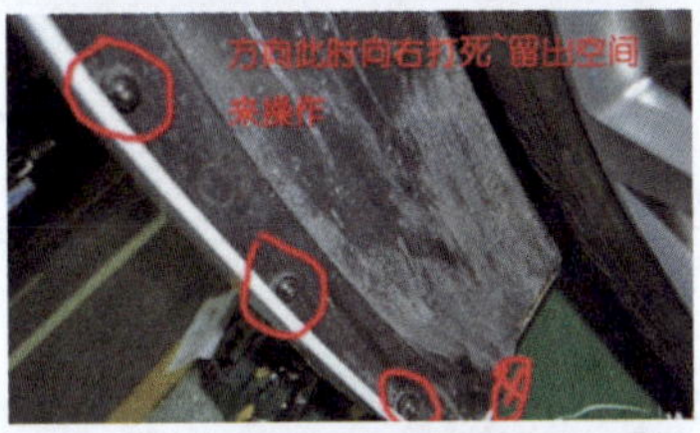
5	露出雾灯	
6	安装日行灯线	

（续）

序号	操作步骤	图示
7	连接线束	
8	安装灯罩	

思考与练习

一、选择题

1. 创客运动的源头可以追溯到（　　）。【单选题】
   A. 硅谷的科技创新
   B. 欧美的DIY动手活动热潮和黑客文化
   C. 中国的传统手工艺
   D. 全球的环保运动

2. （　　），吉利自主研发的第一辆汽车在临海正式下线，吉利成为我国首家获得轿车生产资格的民营企业。【单选题】
   A. 1997年3月2日　　　　　　B. 2000年6月6日
   C. 1998年8月8日　　　　　　D. 2002年9月1日

3. 在汽车生产和管理中，比亚迪主要采用（　　）的理念。【单选题】
   A. 大规模生产　　　　　　　B. 精益生产
   C. 灵活制造　　　　　　　　D. 自动化生产

4. 蔚来汽车提出的可更换式电池技术的主要优势是（　　）。【单选题】
   A. 增加整车的重量　　　　　B. 降低电池制造成本
   C. 减少电池的使用寿命　　　D. 快速补充能源

5. 汽车的大包围加装主要包括（　　）。【单选题】
   A. 前包围、后包围和侧包围　B. 前包围、后包围和轮毂
   C. 前包围、侧包围和轮毂　　D. 前包围、后包围和天窗

二、问答题

1. 请简述创客运动在我国的发展历程。
2. 请简述三点式安全带相较于两点式安全带有哪些优势。
3. 请简述汽车创意制作的意义，并说明外观改装和内饰升级在汽车创意制作中的作用。

第 6 章
汽车未来发展

微课 11

6.1 汽车与社会生活

汽车产业已经成为我国支柱产业之一，对我国社会经济发展起着越来越重要的作用。汽车产业创造了巨大的工业产值，为国家增加了大量税收，促进了进出口贸易，为社会提供了大量的就业机会，推动了科学技术进步，改变了人们的生活。同时汽车产业也带来了一系列的负面影响，需要采取一定的措施予以缓解与控制。

6.1.1 汽车对社会经济的影响

1. 汽车产业创造了巨大产值

汽车产业通常指汽车制造、营销、售后等所涉及的企业和企业活动，可包括汽车设备制造业、汽车配套产品业、汽车销售业、汽车维修业、公路建设业、能源工业、汽车原材料工业、化工业、橡胶业等相关产业。无论是从历史还是现实的角度，从生产还是消费的角度来看，汽车产业已经成为推进国民经济增长的"发动机"。

2001—2022 年中国汽车销量及增长率如图 6-1 所示。2022 年我国国内生产总值为 1210207 亿元，我国汽车制造业完成营业收入 92899.9 亿元，同比增长 6.8%。中国汽车工业协会数据显示，2022 年我国汽车产销分别完成 2702.1 万辆和 2686.4 万辆，同比增长 3.4% 和 2.1%，延续增长态势，并已经连续 14 年稳居全球第一。这些数据表明，汽车产业为社会经济创造了巨大的产值，做出了巨大贡献。

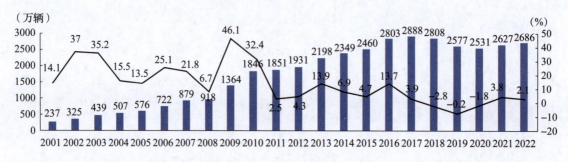

图 6-1　2001—2022 年中国汽车销量及增长率 [数据来源：《中国汽车工业发展报告（2023）》]

2. 汽车产业促进了进出口贸易

汽车是一种高附加值产品，因此汽车产业成为制造业中出口创汇最高的产业之一，同时汽车的进出口也带动了汽车零部件等相关产业的进出口贸易。

2022年，尽管芯片结构性短缺、动力蓄电池原材料价格高位运行、局部地缘政治冲突等诸多不利因素冲击，但在购置税减半等一系列稳增长、促消费政策的有效拉动下，我国汽车市场在逆境下整体复苏向好，实现稳健发展，展现出强大的发展韧性。

2015—2022年我国汽车出口量情况见表6-1。2022年，由于海外供给不足和我国车企出口竞争力增强，我国汽车出口量为311.1万辆。2023年1~3月，汽车出口量为99.4万辆，同比增长70.6%。

表6-1 2015—2022年我国汽车出口量情况表

年份	2015年	2016年	2017年	2018年	2019年	2020年	2021年	2022年
出口量/万辆	70.9	72.9	89.6	104.1	102.4	99.5	201.5	311.1
同比情况（%）	-23.5	2.9	22.9	16.1	-1.6	-2.9	101.1	54.4

3. 汽车产业促进了科学技术进步

各种不同类型的汽车的发展，促进了石油、电力、煤炭、建筑等部门的现代化；大型集装箱货运汽车的发展，改变了公路运输部门的面貌；人们对汽车智能化的需求促进了各种先进配套产品及电子信息技术的发展；汽车事故和污染的产生，也推动了交通科学和环境科学的发展。随着汽车产业结构升级发展，汽车新技术、新工艺的不断更新发展和进步，直接推动了与汽车相关产业的技术更新和技术改造。

6.1.2 汽车对人类生活的影响

1. 汽车改变生活

根据统计数据，截至2022年底我国汽车保有量达3.2亿辆，全国有84个城市的汽车保有量超过百万辆。北京、成都、重庆、上海超过500万辆。截至2022年底，全国机动车驾驶人数量已达到5.0亿人，其中汽车驾驶人4.6亿人，占驾驶人总数的92.5%。汽车的普及使汽车艺术、汽车模特、汽车广告、汽车展会、汽车体育、汽车旅游、汽车旅馆等慢慢渗透到人们的日常生活中，改变了人们的生活方式、消费观念、区域概念、沟通方式、生活节奏等。汽车产业的发展改变了乡村结构，促进了乡村城镇化，缩短了城乡差别，促进了城乡交流与发展。汽车产业的发展也改变了城市结构，促进了城市交通变革，推进了交通智能化。汽车创造了崭新的价值观念和生活内容，整个社会的文化理念、心理素质都在发生巨大的变化。

2. 汽车产业提供了大量的就业机会

汽车产业能够为社会提供数量庞大、范围广泛、技术含量高的就业机会。汽车产业本身既是资本密集型产业，也是技术密集型产业和劳动密集型产业。汽车的生产和使用对其他相关产业产生强大的联动效应，不仅在汽车生产中提供了大量的就业机会，而且在汽车的使用过程中也提供了大量的就业机会，如汽车销售、汽车维修、汽车金融、汽车保险和汽车培训等相关产业。随着汽车产量的增加、使用的普及化和高科技化，汽车及相关产业所能提供的就业机会越来越多，与汽车产业链相关的机械、能源、交通等上下游产业产生了大量的就业机会。

6.1.3 汽车对环境的影响

1. 排放有害气体

汽车排放有害气体主要是由汽车排气管中排出的废气引起的，汽车排放的各种气体成分为1000多种，其中对人类危害最大的有一氧化碳、碳氢化合物、氮氧化物、铅化物、硫化物等污染物，占汽车总排放的65%~85%。

（1）排放有害气体对身体造成直接伤害

一氧化碳是汽车排放废气中浓度最大的污染物，是无色、无味、无臭的窒息性气体。吸入过多一氧化碳会使人体缺氧，使中枢受损，引起功能性障碍，直至死亡。氮氧化物是各种含氮化合物的总称，汽车尾气以一氧化氮居多，并有少量二氧化氮，它们都是对人体有害的气体，特别是对呼吸系统有危害。在二氧化氮浓度为 $9.4mg/m^3$ 的空气中暴露10分钟，即可造成人的呼吸系统功能失调。氮氧化物的毒性很高，有强烈的刺激作用，会导致胸闷、咳嗽、气喘、肺炎乃至肺水肿。氮氧化物和碳氢化合物在阳光紫外线的作用下，会产生一种具有刺激性的浅蓝色烟雾，其中包含有臭氧、醛类、硝酸酯类等多种复杂化合物。这种光化学烟雾对人体最突出的危害是刺激眼睛和上呼吸道黏膜，引起眼睛红肿和喉炎。

美国洛杉矶光化学烟雾事件

洛杉矶在20世纪40年代就已拥有250万辆汽车,每天大约消耗1100吨汽油,排出1000多吨碳氢化合物、300多吨氮氧化物、700多吨一氧化碳。另外,还有炼油厂、供油站等其他石油燃烧排放,这些化合物被排放到阳光明媚的洛杉矶上空,不啻制造了一个毒烟雾工厂。洛杉矶三面环山,大气污染物不易扩散,而且经常受到逆温的影响,更使污染物聚集在洛杉矶本地。汽车尾气中的烯烃类碳氢化合物和二氧化氮被排放到大气中后,在强烈的阳光紫外线照射下,会吸收太阳光的能量。这些物质的分子在吸收了太阳光的能量后,会变得不稳定,原有的化学链遭到破坏,形成新的物质。这种化学反应被称为光化学反应,其产物为含剧毒的光化学烟雾。这种烟雾使人眼睛发红,咽喉疼痛,呼吸憋闷、头昏、头痛。洛杉矶光化学烟雾的形成及治理时间线如图6-2所示。

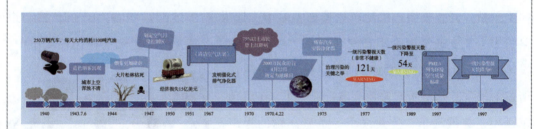

图6-2　洛杉矶光化学烟雾的形成及治理时间线

（2）排放有害气体对环境造成破坏

有害气体扩散到空气中后,还会对环境造成破坏,如酸雨、光化学烟雾、臭氧层破坏、铅中毒、温室效应等。汽车造成的污染占整个城市空气污染的60%~90%。处于空气污染中的城市如图6-3所示。

温室效应主要是由于现代化工业社会过多燃烧煤炭、石油和天然气,这些燃料燃烧后放出大量的二氧化碳气体进入大气造成的。二氧化碳具有吸热和隔热的功能。它在大气中增多的结果是形成一种无形的玻璃罩,使太阳辐射到地球上的热量无法向外层空间发散,其结果是地球表面变热,热量长年积累将使全球气候变暖,极地冰川融化,海平面上升,沙漠化等。因此,二氧化碳也被称为温室气体。汽车在使用的过程中就会排放大量的二氧化碳,大气的温室效应也随之增强。

图 6-3 处于空气污染中的城市

2. 噪声污染

噪声是汽车对环境产生的另一种严重污染。成千上万辆汽车发动机的轰鸣声,车轮行驶声、喇叭尖鸣声都会搅乱人们安静的生活,使人们烦躁不安、心情不稳定、精神受刺激。调查表明,机动车辆噪声占城市交通噪声的 85.5%。车辆噪声的传播与道路的多少及交通量度大小有密切关系。在通路狭窄、两旁高层建筑物栉比的城市中,噪声来回反射,显得更加吵闹。同样的噪声源在街道上较空旷地上听起来要大 5~10 分贝。在机动车辆中,载重汽车、公共汽车等重型车辆的噪声为 89~92 分贝,而轿车、吉普车等轻型车辆噪声为 82~85 分贝。汽车速度与噪声大小也有较大关系,车速越快,噪声越大,车速提高 1 倍,噪声增加 6~10 分贝。图 6-4 展示了测试汽车车内噪声的情景。

图 6-4 测试汽车车内噪声

(1)噪声分类

1)发动机噪声。车辆发动机噪声是汽车产生噪声的一个主要来源,它的噪声是由于进气、排气和风扇旋转时随着发动机转速的不同,通过前叶子板、发动机舱盖、挡火墙、排气管产生和传递的。

2)风噪。风噪是指汽车在高速行驶的过程中迎面而来的风的压力已超过车门的密封阻力进入车内而产生的,行驶速度越快,风噪越大。

3)胎噪。胎噪是车辆在高速行驶时,轮胎与路面摩擦所产生的噪声,不同的车身结构、路面、速度产生的噪声不同。路况越差，胎噪越大，另外柏油路面与混凝土路面所产生的胎噪有很大区别。

4) 底盘噪声。底盘是汽车最主要的框架结构，是汽车制动、运转系统的载体，这部分钣金较厚，在行进过程中会出现沉闷的低频噪声。传动系统噪声主要是轴承滚动噪声和齿轮啮合噪声，同时包括由于旋转部分的振动激励，使壳体产生振动而辐射的噪声，其发生部位主要为离合器、变速器、传动轴、差速器齿轮等。制动系统噪声主要有制动器的鸣叫声、轮胎与地面摩擦声及车身板件震颤声等。此外车辆高速行驶的时候，风切入会形成风噪，行驶带动底盘振动会产生噪声，还有路上砂石冲击车底盘也会产生噪声。

5) 尾气噪声。汽车排气系统包括消声器、谐振器、催化转化器和集气管，排气系统将来自汽车前部的废气带到后部产生噪声。排气系统产生的噪声可分为排气口生成的排气噪声和排气管壁振动产生的表面辐射噪声。

6) 共鸣噪。车体本身就像是一个箱体，而声音本身就有折射和重叠的性质，当声音传入车内时，如没有吸音和隔音材料来吸收和阻隔，噪声就会不断折射和重叠，形成共鸣噪声。

（2）汽车噪声的危害

一般来说，连续噪声在40dB时，可使10%的人受到影响；到70dB时，可影响50%的人；而突发噪声在40dB时，可使10%的人惊醒；到60dB时，可使70%的人惊醒。噪声传播示意图如图6-5所示。汽车噪声不但会增加驾驶员和乘员的疲劳，影响车上人员对舒适驾驶环境的要求，而且会影响汽车的行驶安全。另外噪声除了损伤听力、影响视觉器官以外，还会引起其他人身损害。噪声可以引起心绪不宁、心情紧张、心跳加快、血压增高、消化不良、食欲不振、恶心呕吐。噪声还会使人的唾液、胃液分泌减少，胃酸降低，从而易患胃溃疡和十二指肠溃疡。

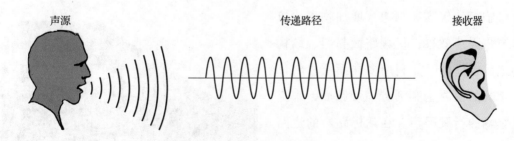

图6-5 噪声传播示意图

（3）汽车噪声的控制措施

1）改进汽车技术，降低汽车噪声。在技术上，可通过改善发动机性能和附加发动机隔罩以降低发动机噪声，安装高效的气缸排放口消声器降低气体排放噪声，改善齿轮箱、转动轴、冷却风扇、轮胎、制动部件的性能质量来降低传动、滚动、制动等噪声。底盘隔音降噪吸音工程对胎噪、低频噪声、发动机噪声和空间共鸣噪都有很好的抑制作用。

2）加强噪声法规建设。制定汽车噪声限制法规，在汽车使用和维修过程中严格执行汽车噪声限值和测量方法的国家标准。汽车制造发达的国家都颁布了汽车噪声法规，不仅规定了汽车噪声限值和相应的测试规范，还制定了大量的包括发动机等在内的总成噪声试验标准。我国汽车行业强制性国家标准的制定和修订一直结合国内产品技术的实际情况，也重视与国际先进汽车标准法规相协调和衔接。目前有《汽车加速行驶车外噪声限值及测量方法》（GB 1495—2002）和《客车车内噪声限值及测量方法》（GB/T 25982—2010），但还没有强制性的轿车车内噪声标准，有《客车车内噪声限值及测量方法》（GB/T 25982—2010）。研究国外主要发达国家和地区的汽车车外噪声法规以及标准的发展趋势和应用情况，对于制定我国标准有着积极的借鉴作用。

> **机动车噪声超过85dB，青岛市内四区禁行**
>
> 2023年8月29日，青岛市政府新闻办召开新闻发布会，介绍《关于加强机动车非法改装治理和噪声污染防治的通告》的相关情况。明确高分贝机动车禁行区域，市南、市北、李沧、崂山四区除高速公路以外的城市道路，全天24小时禁止噪声超过85dB的7座及以下汽车、摩托车通行。

3）从道路规划和建设方面控制汽车噪声。按噪声功能区对居民住户进行合理规划，让居住区远离交通主要干线；合理布局临近马路建筑的房间；利用商店等公共场所做临街建筑隔离噪声；增加临街建筑的窗户隔声效果；优化路面材料、结构构造、粗糙度。如利用多孔面层材料代替常规的混凝土和沥青铺装路面，来降低车辆的行驶噪声。在超标路段的道路建立隔音屏障（图6-6），在隔离带中种植隔音植物，修建吸音路面也是有效控

图6-6 公路隔音屏障

制道路交通噪声污染的一种治理措施。

3. 废水污染

汽车产生的废水对环境也是一种不可低估的污染。汽车行业产生的废水污染主要来源于汽车生产过程中,车身及零部件的喷涂工艺中产生的工业废水。比如,涂装工艺废水中常含有表面活性剂、油类物质、磷酸盐、漆料、水溶性有机物,以及少量重金属离子等污染物。汽车生产需要大量的清水,这就会排出等量的污水;汽车维修保养也会产生污水。这些废水严重破坏了生态环境,鱼虾因此而死亡,人类的饮水也因此面临严重挑战。

4. 原材料污染

生产汽车需要各种不同的原材料,比如钢铁、塑料、橡胶和油漆等,这些都会对环境产生影响。另外,汽车空调用到的氟利昂会破坏大气臭氧层;摩擦衬片中的石棉磨损后产生的石棉尘飘浮在空气中,会对人体的肺和呼吸系统有害。

6.1.4 汽车对交通的影响

1. 汽车对交通的积极影响

汽车对交通的积极影响主要是实现了交通的便捷性,从而大量节省了人们往返目的地的时间,提高了工作效率,丰富了生活,推动了经济的发展。

以公路运输为例,公路运输具有机动性和灵活性强的特点,可实现"点到点"的直达运输。公路运输既适合大批量客货运输和小批量客货运输,也适合中短距离的客货运输。公路运输还可与火车、飞机、轮船等运输方式相结合,担负铁路、水路运输达不到的区域内的运输,是其他运输工具的补充。

同时现代汽车在载货吨位、技术性能、专用车种类等方面都有了很大的改进和提高,能较好地满足社会经济对运输的要求,汽车已迅速发展成为最主要、最广泛、最受欢迎的交通工具。

2. 汽车对交通的负面影响

(1)交通堵塞

我国许多大城市交通状况欠佳,机动车平均车速很低。在交通高峰期,北京、上海、广州等一些大城市的主要道路的汽车均速在 11km/h 左右,这与自行车的行驶速度差不多。由于交通堵塞(图 6-7),正常几十分钟的路程往往需要行驶几个小时。

图6-7 交通堵塞

（2）交通事故

道路交通事故指机动车、驾驶员、行人、乘员，以及其他道路上进行交通活动的人员，因违反了《道路交通安全法》和其他道路法规、规章的行为过失造成的人身伤亡或财产损毁事件。据统计，每年由于交通事故死亡的人数高达100万以上。随着汽车保有量的不断攀升，交通安全已经成为人们在出行过程中关注度越来越高的一个话题。图6-8是交通事故现场。

图6-8 交通事故现场

6.1.5 汽车对能源的影响

在漫长的人类发展史中，人类经历了柴草、煤炭和石油为主体的三个能源时期。在汽车诞生之后，人类消耗的能源主要是石油。石油是千百万年以前的古生物在地壳运动中埋入地下，逐级演变成有机碳氢化合物的混合物，是一种不可再生能源。汽车消耗着大量的石油,占石油年消耗量的 45% 左右。不断增长的石油需求,要付出大量的资源和环境代价,加重生态负担。而冶炼石油时释放的污染,又加重了环境的负担。

1. 我国汽车的石油消耗现状

我国是全球石油消费大国之一,随着经济的发展和人口的增加,石油的需求量不断上升。数据显示,我国每年消耗 6~7 亿吨的石油,而国内原油产量每年仅为 2 亿吨左右,这意味着我国每年需要进口大量的原油来满足需求。我国消耗的石油一半以上作为交通运输领域的燃料。因此在发展汽车产业时,面对日益严峻的原油供需矛盾,为减少石油资源消耗,降低我国石油对外依存度,确保国家的能源安全,既需要积极研发更经济有效的利用石油资源的技术,又需要开发新能源和代用燃料。

2. 缓解石油危机的措施

全球三次石油危机,迫使主要进口国积极寻找替代能源,开发节能技术。各国政府和汽车企业也纷纷采取各种措施或制订相关政策,积极减少能源消耗,并不断探索寻求、研制开发替代能源和新能源,如核能、太阳能、风能、生物质能、地热、氢能、海洋能和可再生能源等。各种非传统能源的大量开发,在一定程度上缓解了能源供需矛盾。

(1)使用节能燃料

1)天然气。天然气汽车具备污染少、成本低、安全性高等特点。

首先,天然气汽车的排放污染大大低于以汽油为燃料的汽车,尾气中不含硫化物和铅,一氧化碳降低 80%,碳氢化合物降低 60%,氮氧化合物降低 70%。

其次,天然气成本较低,燃料费用一般节省 50% 左右,使营运成本大幅降低。

再者,天然气汽车比汽油汽车更安全。与汽油相比,压缩天然气本身就是比较安全的燃料。这表现在:①燃点高,天然气燃点在 650℃,比汽油 427℃的燃点高出 223℃,所以与汽油相比,天然气不易点燃;②密度低,相对于空气的密度为 0.55,天然气泄漏时很快在空气中散发,很难形成遇火燃烧的浓度;③辛烷值高,可达 130,抗爆性能好;④爆炸极限窄,仅 5%~15%,在自然环境下,形成这一条件十分困难;⑤释放过程是一个吸热过程,当压缩天然气从容器或管路中泄出时,泄孔周围会迅速形成一个低温区,使天然气燃烧困难。

2)甲醇燃料。甲醇燃料是利用工业甲醇或燃料甲醇加变性醇添加剂与现有国标汽柴油（或组分油）按一定体积（或重量比）经严格科学工艺调配制成的一种新型清洁燃料。甲醇燃料可替代汽柴油，用于各种机动车、锅灶炉使用。生产甲醇的原料主要是煤、天然气、煤层气、焦炉气等，特别是利用高硫劣质煤和焦炉气生产甲醇，既可提高资源综合利用，又可减少环境污染。甲醇燃料具有节省石油、安全方便、动力性好、减少排放等优点。

3）二甲醚。二甲醚是一种无色、无毒、无致癌性、腐蚀性小的气体。其燃烧性能好，热效率高，燃烧过程中无残渣、无黑烟，一氧化碳、一氧化氮排量低，二甲醚还可掺入石油、液化气、煤气或天然气混烧，并能提高热量，浓度≥95%的二甲醚可直接作为替代液化气的燃料使用。液化石油气、天然气、甲醇等常规发动机代用燃料的十六烷值都小于10，只适合于点燃式发动机。而十六烷值含量是柴油燃烧性能的重要指标，二甲醚的十六烷值高于柴油，具有优良的压缩性，非常适合压燃式发动机。二甲醚替代柴油可降低氮氧化物排放，实现无烟燃烧，是理想的柴油发动机洁净燃料。用二甲醚取代柴油作为汽车燃料的市场前景极为广阔，是国际、国内优先发展的产业。

（2）采用汽车节能技术

在寻找替代能源和新能源的同时，在汽车上采用一些节能技术，也不失为有效的节能措施。目前，节能技术在汽车设计、制造以及使用方面已得到广泛的应用，并朝着多元化的趋势发展。

1）发动机密封应用技术。随着汽车技术的不断进步，新的密封材料和技术被采用，以提高发动机的性能和寿命，减少汽车油耗和污染。如使用纳米技术制造的材料、高分子材料、聚酰亚胺材料等实现更高效的密封效果；将发动机各部件密封技术相对独立，实现模块化设计，能够方便对各个部件的维护和更换等。

2）可变压缩比技术。可变压缩比技术就是根据车辆对动力的不同需求及时地改变发动机的压缩比，在低速增压较弱时提升发动机的压缩比，在高速增压较强时适当降低发动机的压缩比，从而使得发动机在整个运行阶段都能获得较高的动力性和燃油经济性。如日产 VC-TURBO 发动机是在发动机传统的活塞结构上增加了一套多连杆连接机构与谐波传动装置管理压缩比的变化，不断提高或降低活塞冲程，从而实现压缩比的调节。根据车辆的行驶状态和驾驶员的操作，智能选择14∶1到8∶1之间的最佳压缩比，在不同的压缩比情况下，更好地平衡动力性能和燃油经济性。

3）汽车轻量化技术。汽车轻量化是指在满足汽车使用要求、安全性和成本控制的条件下，尽最大努力降低汽车的整备质量，从而提高汽车的动力性，降低油耗，减少尾气污染。目前主要有优化汽车主流规格车型、用轻质材料、采用承载式车身等途径。采用轻质材料是目前减小汽车总质量的主要途径。研制性能更好更轻的汽车材料从而减少能源消耗，降低排放污染，是全世界汽车工业的发展方向。

4）联合循环余热助力技术。该技术广泛应用于新能源汽车领域，特别是纯电动汽车和插电式混合动力汽车。通过回收利用发动机的余热，不仅可以提高车辆的续驶里程，还能在一定程度上降低对传统能源的依赖，减少碳排放，符合当前环保和节能的潮流。

5）太阳能助力技术。太阳能助力技术是将太阳能电池板安装在汽车上，使太阳能转化为电能，然后通过控制系统将电能转化为机械能，为汽车提供动力。在城市交通拥堵的情况下，太阳能助力技术还可以利用太阳能充电，为汽车提供部分驱动能量，减少燃油的消耗，降低尾气排放，改善空气质量。

（3）汽车管理节能

汽车管理节能可从费改税政策、优化交通环境、落实在用汽车维护制度、推广绿色驾驶等方面提升使用管理水平。

1）实施费改税政策。当前的养路费制度中，燃料费用比例较小。燃油税政策主要将现有的养路费转换成燃油税，实行捆绑收费，旨在通过将养路费捆绑进油价，将每辆汽车要交的养路费转换成税费，以体现"多用多缴，少用少缴"的公平原则。对于平时用车较少的车主来说，必然节约很大一部分油费开销；平时用车较多的车主，其使用费用将增加。这样就鼓励了车主尽量减少不必要的用车出行，同时，车主也会因为油价的高昂而养成节油驾驶习惯，从而降低能源消耗。由于大排量、大功率的车型燃油费用增加的比例更加明显，费改税也鼓励了人们在购车时选择节油型的或排量较小的车型。

2）优化交通环境。大力发展公共汽车、地铁、轻轨等公共交通工具，提高公共交通的覆盖率和服务质量，鼓励市民使用公共交通工具出行，从而减少私家车的使用，降低整体能耗。根据交通流量和车辆类型，合理设计道路宽度、车道数量、交叉口形式等，提高道路的通行能力和安全性。利用大数据、云计算、物联网等现代信息技术，构建智能交通系统，实现交通信号的智能控制、路况的实时监测和车辆行驶路径的优化，减少交通拥堵和不必要的行驶距离，提高交通效率。

3）落实在用汽车维护制度。制定并执行严格的车辆管理制度，包括车辆使用、保养、维修、报废等各个环节的规范，确保车辆处于最佳运行状态，能有效避免由于性能恶化而造成的燃料增加。

4）推广绿色驾驶。在汽车行驶过程中，耗油增加很大程度是由驾驶员不科学的驾驶行为造成的。绿色驾驶就是通过宣传教育、技能培训等方式，提高驾驶员的节能意识和驾驶技能，使其在驾驶过程中尽量保持平稳匀速驾驶，避免急加速和急制动，以减少能量消耗和提高燃油效率；在停车等待时，及时关闭发动机，避免长时间怠速运转。选择较短的路径和避免拥堵的路线，减少行驶距离和时间，从而降低能耗。

微课 12

6.2 汽车创新发展

6.2.1 未来汽车的发展要求

1. 汽车社会来到"交叉路口"

汽车社会已来到"交叉路口"。以前汽车是奢侈品，但是现在汽车已进入普及时代，汽车数量不断增加，其弊端也逐渐突出，比如道路的建设、停车场等周围环境经常跟不上需要，再比如安全性能、废气等问题日益严重。

2. 努力实现汽车与环境的协调发展

2020 年 12 月，国务院新闻办公室正式发布了《新时代的中国能源发展》白皮书（简称"白皮书"），对坚定不移推进能源革命，走出创新、协调、绿色、开放、共享的新发展理念进行了总结与展望。在这条通向绿色发展的道路上，我国正一步一个脚印，向着低碳清洁文明的时代迈进。

新能源汽车作为战略性新兴产业，代表汽车产业的发展方向。发展新能源汽车，对我国改善能源消费结构、减少空气污染、推动汽车产业和交通运输行业转型升级具有积极意义。

3. 汽车消费新动向

新消费群体和需求的出现，让"个性化"正在成为消费趋势。汽车企业的核心竞争力正在从"成本控制"，向精准定位、营销能力、品牌运营转移。同时，新品牌的进入和软件付费模式的出现，带来了新的商业模式。

(1)"个性化"代替"性价比"

"个性化"代替"性价比",正在成为消费新趋势。随着汽车保有量提升和家庭第二台车的普及,城镇汽车消费的决策正在从"一车全家用"向"个人决策"转移,叠加购买力提升和消费理念的转变,汽车消费"个性化"新趋势明确,"性价比"不再是唯一考量标准。

(2)新消费群体

新时代人群和女性群体占比在上升,差异化需求逐渐凸显。消费群体正在发生两个结构性变化:①新时代人群购车占比提升,新时代人群希望车是自我价值的外在呈现,购车不再拘泥于"性价比",且愿意为外形、智能配置、新消费体验支付溢价。②在家庭两车的背景下,女性驾驶员和购车者的比例正在上升,且女性消费具有差异化需求:欧拉、Mini、奔驰 CLA 等"高颜值"的小型车目前 70% 以上车主为女性用户。深度洞察女性购车者的"差异性需求"有望助力整车企业打造细分领域爆品。

(3)新需求

随着生活水平提高,越来越多的人开始追求品质生活,并热爱自驾游、户外越野等休闲方式,这催生了中高端的非承载式车身的硬派越野车、高端皮卡的需求。

(4)新消费体验

汽车的商业模式正在悄然转变,新品牌更适合孕育新消费体验。2017 年以来许多新兴品牌破土而出,并在需求端取得了相较之前更大的成功。其核心原因在于:近年许多新成立的品牌不再主攻大众市场,而是主动迎合新群体的新需求,打造新的消费体验。这与行业供给端的核心竞争力变化是分不开的:汽车企业的核心竞争力正在从"成本控制"向精准定位、营销能力转移。例如,主打城市女性消费者短途出行的欧拉、二娃奶爸专属电动车理想 ONE、走国潮路线的红旗和 3/4 越野刻度的哈弗大狗都在发布之后迅速地开辟了新的细分市场。

此外,新品牌没有历史包袱,在商业模式和消费体验上具有更吸引客户的亮点:"满足社交需求"(如蔚来)、"OTA 智能升级"(如特斯拉、小鹏)、"定制化生产"(广汽埃安、蔚来)等新消费体验开拓新的消费需求。这一类被传统品牌所忽视的新消费体验正在改变汽车行业的商业模式。

6.2.2 新能源汽车

新能源汽车是指采用非常规的车用燃料作为动力来源(或使用常规的车用燃料、采用新型车载动力装置），综合车辆的动力控制和驱动方面的先进技术，形成的具有新技术、新结构的汽车。新能源汽车包括纯电动汽车、混合动力汽车、氢能源燃料电池汽车、太阳能汽车、天然气汽车、液化石油气汽车、醇类燃料汽车、生物柴油汽车等。

2014年7月14日国务院办公厅印发了《关于加快新能源汽车推广应用的指导意见》，该意见提出"贯彻落实发展新能源汽车的国家战略，以纯电驱动为新能源汽车发展的主要战略取向，重点发展纯电动汽车、插电式（含增程式）混合动力汽车和燃料电池汽车，以市场主导和政府扶持相结合，建立长期稳定的新能源汽车发展政策体系，创造良好发展环境，加快培育市场，促进新能源汽车产业健康快速发展。"随后，相关部门出台了免征车辆购置税、充电设施建设奖励、推广情况公示、党政机关采购等一系列政策措施，提振了汽车行业发展新能源汽车的信心。

此外，风能汽车，耐热陶瓷燃气汽车，使用木炭、煤粉、色油、植物油、粉尘、盐水、棕油等的汽车以及多种能源的混合型汽车，正在研究或趋于完善中，只是由于现在的技术条件所限，达到实际使用的程度尚有一段距离。一旦成功，未来这些汽车的使用，将使能源供应问题得到缓解和稳定。

1. 纯电动汽车

纯电动汽车是完全由可充电电池（如铅酸电池、镍镉电池、镍氢电池和锂离子电池）提供动力源的汽车。由于不排放废气，没有空气污染，行车时噪声较小，经济效益较高，是新能源汽车的重要项目和国家政策重点扶持的对象。纯电动汽车是最接近无污染交通媒介的。它对环境的不良影响是给电池充电所需电流在生产时会有污染，可能在处理废电池时也会有污染。

（1）纯电动汽车的主要结构

纯电动汽车的组成包括电力驱动及控制系统、驱动力传动等机械系统、完成既定任务的工作装置等。电力驱动及控制系统是电动汽车的核心，也是区别于内燃机汽车的最大不同点。电力驱动及控制系统由驱动电动机、电源和电动机的调速控制装置等组成。电动汽车的其他装置基本与内燃机汽车相同。

（2）纯电动汽车的分类

纯电动汽车发展至今，种类较多。按照用途不同，纯电动汽车可分为电动轿车、电动货车和电动客车三种。

随着电池技术的进步和充电基础设施的完善，越来越多的消费者将电动轿车作为出行工具。同时，政府对于新能源汽车的支持政策，如购车补贴、免征购置税等，也进一步推动了电动轿车的发展。

得益于成本优势，近两年电动货车销量不断提升。货运物流行业从业年限为 2 年及以下的驾驶人中，驾驶电动货车的驾驶人占比大幅提升至 50.77%，已超过半数。其中，大约 88.16% 的电动货车是长度为 4.2m 及以下的小型车，主要适用于短途运输。而汽油货车、氢能货车和天然气货车的使用相对较少，总体占比之和仅有 3.94%。

此外，电动客车在整体客车市场中占有率显著提升。随着政府对新能源汽车的大力支持和补贴，以及公共交通系统的变革，电动公交车的总成本降低，也会进一步推动电动客车的需求。中车电动客车如图 6-9 所示。

图 6-9　中车电动客车

（3）纯电动汽车的发展

调研数据显示，使用车载电机的纯电动汽车被消费者认为是最有发展前景的新能源车型。中国汽车工业协会发布的数据显示，2022 年，纯电动汽车销量为 536.5 万辆，同比增长 81.6%。

如今，我国政府大力扶持电动车充电桩的建设，有效地解决了用户的充电和消防问题。图 6-10 展示了电动车充电桩。

图 6-10　电动车充电桩

2. 混合动力汽车

由于蓄电池电动汽车的续驶里程、充电时间、使用寿命和价格等方面的问题,以及燃料电池电动汽车在技术方面的问题,电动汽车的性价比无法与传统的内燃机汽车相抗衡。在这种情况下,融合内燃机汽车和电动汽车优点的混合动力汽车应运而生。

混合动力汽车(Hybrid Electrical Vehicle,简称HEV)是指同时装备两种动力来源——热动力源(由传统的汽油机或者柴油机产生)与电动力源(电池与电动机)的汽车。

插电式混合动力车型结构如图6-11所示。

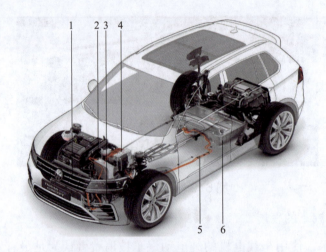

图6-11 插电式混合动力车型结构

1—充电接口 2—高压充电机 3—驱动电机 4—功率电子装置 5—高压电缆 6—高压蓄电池

(1)混合动力汽车的工作原理

混合动力汽车的动力系统主要由控制系统、驱动系统、辅助动力系统和电池组等部分构成。

以串联混合动力汽车为例,在车辆行驶之初,蓄电池处于电量饱满状态,其能量输出可以满足车辆要求,辅助动力系统不需要工作。当电池电量低于60%时,辅助动力系统启动。当车辆能量需求较大时,辅助动力系统与蓄电池组同时为驱动系统提供能量;当车辆能量需求较小时,辅助动力系统为驱动系统提供能量的同时,还给蓄电池组进行充电。由于蓄电池组的存在,使发动机工作在一个相对稳定的工况,使其排放得到改善。

图6-12以漫画形式图解混合动力汽车。

图 6-12 漫画图解混合动力汽车

（2）混合动力汽车的分类

根据内燃机、电动机和蓄电池的不同组合，混合动力汽车分为串联式、并联式和混联式三类。

1）串联式混合动力汽车（SHEV）。串联式混合动力系统由发动机、发电机和电动机三部分通过串联的方式组成，发动机驱动发电机发电，电能通过控制器输送到电池或电动机，由电动机通过变速机构驱动汽车。其发动机仅用于驱动发电机发电，并不直接驱动汽车。串联式混合动力系统如图 6-13 所示。

2）并联式混合动力汽车（PHEV）。并联式混合动力系统是由一个发动机直接驱动车轮的机械动力驱动系统，和一个相配合的电动机驱动系统作为辅助，通过机械连接共同提供动力。发动机和电动机各自输出功率的总和等于总输出功率。这种技术通常用于对已有车辆进行"混合动力化"，可保留车辆上大部分原有零部件。并联式混合动力系统如图 6-14 所示。

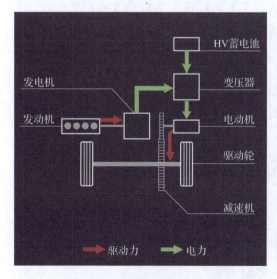

图 6-13 串联式混合动力系统

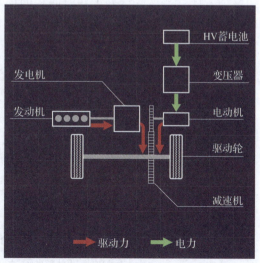

图 6-14 并联式混合动力系统

3）混联式混合动力汽车（PSHEV）。混联式混合动力系统综合了串联式与并联式两种驱动形式的优点，其三个动力源之间具有更多的动力匹配方式，车辆具有多种工作模式，从而保证了混合动力系统在复杂工况下仍能实现最佳动力匹配，进而达到最大限度节能减排的目的。混联式混合动力系统如图6-15所示。

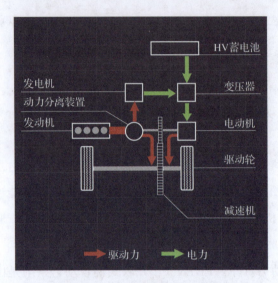

图6-15　混联式混合动力系统

（3）混合动力汽车的优点

在目前的技术水平和应用条件下，混合动力汽车是电动汽车中最具有产业化和市场化前景的车型。混合动力汽车采用内燃机和电动机作为混合动力源，它既有燃料发动机动力性好、反应快和工作时间长的优点，又有电动机无污染和低噪声的好处。与传统汽车相比，混合动力汽车由于内燃机总是工作在最佳工况，油耗非常低，具有燃烧充分，排放气体较干净等特点。

（4）混合动力汽车的发展

日本在实现混合动力系统的低能耗、低排放和改进行驶性能方面已经走在了世界的前列。1997年12月，丰田首先在日本市场上推出了世界上第一款批量生产的油电混合动力轿车——普锐斯（图6-16），拉开了混合动力汽车的发展序幕。随后在2001年销往全世界40多个国家和地区，其最大的市场是日本和北美。

1997年至2022年，搭载丰田混动技术的各种车型已经在全球卖出了超过2000万辆，在很长一段时间内引领了混动技术的发展方向。近几年，随着新能源汽车的发展，插电式混合动力技术的爆发打破了这一格局。

图 6-16　丰田普锐斯

中国汽车工业协会数据显示，2022 年我国插电式混动汽车销量为 151.8 万辆，同比增长 1.5 倍。

3．氢能源燃料电池汽车

（1）氢能源燃料电池汽车的工作原理

氢能源燃料电池汽车主要由高压储罐、氢燃料电池堆栈、燃料电池升压器、动力蓄电池组、驱动电动机和动力控制单元等组成。在燃料电池堆栈里，进行着氢与氧相结合的反应，其过程中存在电荷转移，从而产生电流。与此同时，氢与氧化学反应后正好生成水。燃料电池堆栈作为一个化学反应池，其最关键的技术核心为"质子交换薄膜"。在这层薄膜的两侧紧贴着催化剂层，将氢气分解为带电离子状态，因为氢分子体积小，携带电子的氢可以透过薄膜的微小孔洞游离到对面去，但是在携带电子的氢穿越这层薄膜孔洞的过程中，电子被从分子上剥离，只留下带正电的氢质子通过薄膜到达另一端。氢质子被吸引到薄膜另一侧的电极与氧分子结合。薄膜两侧的电极板将氢气拆分成氢离子正电和电子、将氧气拆分成氧原子以捕获电子变为氧离子（负电），电子在电极板之间形成电流，2 个氢离子和 1 个氧离子结合成为水，水成为该反应过程中的唯一"废料"。从本质来讲整个运行过程就是发电过程。随着氧化反应的进行，电子不断发生转移就形成了驱动汽车所需的电流。氢燃料电池车的驱动力来自车上的电动机，就像纯电动车一样，因此氢能源燃料电池汽车可以理解为一辆"带氢燃料发电机的电动车"，如图 6-17 所示。

（2）氢能源燃料电池汽车的优点

氢能汽车行车路远，使用的寿命长，最大的优点是不污染环境。氢燃料电池整个运行过程中，除了消耗氧气和空气之外，没有其他的能源消耗，不需要加油，也不需要充电。同时，氢燃料电池堆栈在生产电能的过程中只产生水，节能环保性能优越。

氢燃料电池车加注氢气的过程非常快速便捷，专用的加氢设备仅需 3 分钟即可充满氢原料，相对于纯电动车超长的充电等待时间而言，其优势是显而易见的。

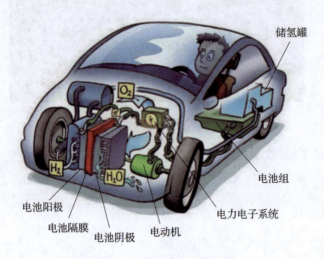

图 6-17 氢能源燃料电池汽车

（3）氢能源燃料电池汽车的发展

在 1965 年，外国的科学家们就已设计出了能在马路上行驶的氢能汽车。我国也在 1980 年成功地造出了第一辆氢能汽车，可乘坐 12 人，贮存氢材料 90kg。近年来，国际上以氢为燃料的"燃料电池发动机"技术取得重大突破，而"燃料电池汽车"已成为推动"氢经济"的发动机。现代 Nexo 和丰田 Mirai 氢燃料电池汽车车型在各自的细分市场取得较好的销售量。自 2000 年以来，宝马集团一直在以有限的生产规模试验 FCEV 氢动力，从而推出了宝马 7 系列，最重要的车型是宝马 750hL。2021 年慕尼黑车展上，宝马 iX5 Hydrogen 正式亮相（图 6-18），这是第 4 代宝马 X5 的重新包装版本，该车使用了由丰田公司共同开发的氢燃料电池电动动力系统。其驱动系统将储存的氢（在 2700 个容量的条形储罐内，储罐采用碳纤维增强塑料制成）转化为电力，然后由燃料电池利用，输出功率可达 125kW。

图 6-18 宝马 iX5 Hydrogen

氢气在未来汽车上的应用前景决定于制氢及储带技术有无突破性的进展。根据氢能在世界范围的发展势头，到 21 世纪中叶氢能汽车有可能成为一个活跃的汽车品种。

4．太阳能汽车

从某种意义上讲，太阳能汽车也是电动汽车的一种，所不同的是电动汽车的蓄电池靠工业电网充电，而太阳能汽车用的是太阳能电池。

（1）太阳能汽车的工作原理

太阳能汽车上装有密密麻麻像蜂窝一样的装置，它就是太阳能电池板。太阳能电池依据所用半导体材料的不同，通常分为硅电池、硫化镉电池、砷化镓电池等，其中最常用的是硅太阳能电池。在阳光下，太阳能光伏电池板采集阳光，将光能转化为电能。这种能量被蓄电池储存并为车辆行驶提供动力，或者直接提供给发动机，可以边开车边蓄电。能量通过发动机控制器带动车轮运动，推动太阳能汽车前进。

太阳能在汽车上的应用技术主要有两个方面：一是完全利用太阳能为驱动力代替传统燃油作为驱动力，这种太阳能汽车没有发动机、底盘、驱动、变速箱等构件，而是由电池板、储电器和电机组成。车的行驶快慢只要控制输入电机的电流就可以解决。目前此类太阳能汽车的车速最高能达到 100km/h 以上，而无太阳光的情况下最大续行能力在 100km 左右。

二是将太阳能用作汽车辅助设备能源，制造和其他能量混合驱动的汽车。复合能源汽车外观与传统汽车相似，只是在车表面加装了部分太阳能吸收装置，比如车顶电池板，用于给蓄电池充电或直接作为动力源。这种汽车既有汽油发动机，又有电动机，汽油发动机驱动前轮，蓄电池给电动机供电驱动后轮。电动机用于低速行驶。当车速达到某一速度以后，汽油发动机启动，电动机脱离驱动轴，汽车便像普通汽车一样行驶。

（2）太阳能汽车的优点及不足

汽车利用太阳能作为动力不会污染环境，相比传统热机驱动的汽车，太阳能汽车是真正的零排放。太阳能是"取之不尽，用之不竭"的清洁能源，因此太阳能汽车的研究开发长期以来一直受到普遍关注。但太阳能汽车制造成本过高，行驶里程不长，因此还没有实用化。

（3）太阳能汽车的发展

2015 年 10 月，中国汉能控股集团有限公司推出 Hanergy Solar Power 太阳能电力驱动新能源概念车，它完美地将太阳能薄膜芯片与流线型的车身设计融为一体，让汽车像叶绿素一样直接利用太阳能，同时没有任何二氧化碳的排放。该款汽车前舱盖、顶部以及尾部均大面积铺设太阳能电池，并且前舱盖可延伸拓展太阳能电池使用面积，年获取的太阳能电量可驱动行驶 15000km，能满足 50% 的家庭车辆年出行量要求。同时，也可使用传统的电动车充电方式，达到最大续驶里程 350km。

2022 年 6 月，中国首款完全依靠纯太阳能驱动，不使用任何化石燃料和外部电源，真正实现零排放，引领前沿技术的智能网联汽车"天津号"在中新生态城首次公开亮相，如图 6-19 所示。"天津号"整车长 × 宽 × 高分别为 4080mm × 1770mm × 1810mm，轴距 2850mm，座位数 3 个，整车质量 1020kg，最高车速 79.2km/h（测试数据），续驶里程 74.8km（测试数据），太阳能组件面积 8.1m^2，电池能量比达到 330Wh/kg，自动驾驶等级 L4 级以上。

图 6-19 "天津号"纯太阳能汽车

5. 天然气汽车

（1）天然气汽车工作原理

天然气是一种高效、清洁、价廉的民用燃料、化工原料和工业用燃料，我国的天然气资源丰富。

根据天然气使用燃料、使用形态和使用方法的不同，天然气汽车可分为压缩天然气汽车、液化天然气汽车和吸附天然气汽车。

压缩天然气汽车是指将天然气以高压状态储存在车载高压储气瓶中作为燃料的汽车。压缩天然气一般指经加压到 20MPa 左右，可供车辆发动机作为燃料使用的气态天然气（主要成分为甲烷）。

液化天然气汽车是指将天然气低温液化并储存在车载绝热储气罐中作为燃料的汽车。一般以 -162℃ 的低温将天然气以液态储存在储气罐内。

吸附天然气汽车是指将天然气以中压状态储存在吸附罐中作为燃料的汽车。吸附天然气是指利用某些物质对天然气的吸附效应,以常压或低压状态储存在其载体中的天然气。某些物质在不太高的压力下(3.5~6MPa),可吸附100~180倍体积的天然气,理论上可达到20MPa时压缩天然气的储气量。大众天然气新能源车e-Up如图6-20所示。

图6-20　大众天然气新能源车e-Up

(2)天然气的优点

一是来源丰富。天然气储量丰富,其当量储量也与石油相当,在未来的能源结构中扮演重要角色。根据《中国天然气发展报告(2023年)》,2022年,全球新发现气田92个,新增储量1.23万亿m^3,世界天然气剩余探明可采储量193万亿m^3。

2024年2月,我国自然资源部发布《2023年中国自然资源公报》,其中提到,截至2023年末,我国天然气剩余技术可采储量66834.7亿m^3,页岩气剩余技术可采储量5516.1亿m^3,煤层气剩余技术可采储量5348.4亿m^3。页岩气无勘查新增探明储量;深层煤层气勘探开发取得重要进展,深层煤层气新增探明地质储量2484.2亿m^3,可采储量前景十分可观。

二是经济性好。天然气的辛烷值和自燃点比汽油高,燃烧时的许用压缩比高,因此热效率高;天然气与空气的可燃混合气质量比汽油与空气的好,燃烧的完全度高;而且天然气的价格比汽油低。

三是排放污染少。与汽油相比,天然气的燃烧比较完全、燃烧温度比汽油低、天然气含硫量及碳成分元素极少,故天然气汽车的排放污染也比汽油汽车少。

(3)天然气的不足

一是动力性较低。天然气与空气的混合气热值比汽油与空气混合气热值低,且进气(空气)机的动力性下降15%~20%。

二是储气瓶占用空间较大。气态天然气的能量密度比汽油小得多。1m³常压天然气装入20MPa的储气瓶中,约占5L容积。而与之等热量的汽油只占1.1L容积,压缩天然气所占容积等于汽油的4.5倍。因此,要保证相同的续驶里程,天然气汽车储气瓶的体积比汽车油箱就要大许多。由于高压储气瓶本身的质量较大,使汽车的整备质量增加,因而使汽车的有效载荷量减少。这些问题在轿车上显得更为突出。

三是建站费用高。建加气站的费用相当高,推广天然气汽车,必须有完善的加气网络。这个问题在一定程度上已经成为一些地区发展天然气汽车的瓶颈。

（4）天然气在汽车上的应用前景

天然气是一种比较优质的代石油燃料。根据天然气的发展势头,二三十年后在世界能源消费格局中天然气将有可能向石油挑战,在此期间天然气汽车也会得到迅速发展。

6. 液化石油气汽车

（1）液化石油气汽车的工作原理

液化石油气（Liquid Petrol Gas，LPG）是一种在大气温度条件下,只要稍加压力（1.6MPa左右）便成为液态碳氢化合物的混合物（主要成分为丙烷和丁烷）。将石油气在低压状态以液态储存在车载储气瓶中作为燃料的汽车称为液化石油气汽车。宝马液化石油气汽车GP3.10如图6-21所示。

图6-21　宝马液化石油气汽车GP3.10

（2）液化石油气的优点

一是经济性好。液化石油气的热值比汽油高,一定量的空气匹配的液化石油比汽油燃料消耗少,可提高发动机的经济性;辛烷值比汽油高,而且液化石油气进入空气混合器之前为气态,与空气混合均匀,燃烧充分,故抗爆性能较好。

二是环境污染小。液化石油气是比汽油更"清洁"的燃料,蒸发温度低,雾化性能好,更易于与空气混合,且燃烧速度比汽油快,即能在与汽油相同的燃烧时间内燃烧得更充分,因此液化石油气汽车排气中的有害成分大为减少,且没有黑烟和积炭。

三是发动机使用寿命长。液化石油气汽车硫含量和机械杂质均远低于汽油、柴油,对气缸、活塞、活塞环、气门等零部件的危害较小。液化石油气与空气混合良好,燃烧时不需汽化,燃烧完全。故在发动机汽缸及其他部件上的积炭、结焦少,并且燃烧过程中不产生焦油,不易污染机油,润滑油不会被稀释,不用经常换注机油和更换火花塞,减轻了发动机及其他部件的磨损和腐蚀,减少了机油的消耗量,发动机运转平稳,噪声小,从而延长了发动机的使用寿命和机油更换周期。

(3)液化石油气的不足

一是储运性能差。液化石油气在常温下为气态,这使得其储运性能较差。为了储运液化石油气,通常采用将石油气充入车用气瓶内的方法,这不仅增加了汽车的自重,还减少了载货空间。

二是充气的续驶里程短。相同气缸容量的汽车,液化石油气汽车的续驶里程较汽油车短,需要频繁充气,给用户带来不便。

三是充气站较少。液化石油气汽车的充气站相对较少,尤其是在偏远地区或远离市区的地方,这限制了液化石油气汽车的远行能力。

(4)液化石油气在汽车上的应用前景

随着技术的不断进步、环保要求的日益严格和政策的持续支持,液化石油气汽车因其经济性和环保性的优势在今后的一定时期或一定区域内,会有较大的市场与发展空间。

7. 醇类燃料汽车

醇类燃料主要是甲醇和乙醇,甲醇和乙醇都属有机化合物,是易挥发的可燃液体。以甲醇为燃料的汽车称为甲醇汽车,以乙醇为燃料的汽车称为乙醇汽车。

(1)醇类燃料汽车的工作原理

醇类燃料汽车的工作原理主要基于双燃料供给系统,通过改变发动机参数使其能够识别和充分燃烧甲醇或乙醇。

甲醇汽车的工作原理主要是通过甲醇作为燃料,利用内燃机或燃料电池系统产生动力。甲醇汽车可以直接使用甲醇作为燃料,通过内燃机燃烧产生动力。

乙醇汽车的工作原理与汽油汽车相似，都是利用燃料与空气混合后在火花塞的点燃下产生能量。在我国，乙醇汽油是按照90%的普通汽油与10%的燃料乙醇的比例调和而成的。这种燃料不仅性能接近普通汽油，适合于火花点火式发动机使用，而且由于其含氧量高，有助于燃烧更完全，从而有助于减少碳氢化合物和一氧化碳的排放，降低环境污染。

丰田乙醇燃料汽车如图6-22所示。

图6-22　丰田乙醇燃料汽车

（2）醇类燃料汽车的优点

1）来源较为丰富，且具有一定的可再生性。生产甲醇的原料主要有天然气、煤、石脑油、重质燃料以及木材、垃圾、海藻等。生产乙醇的原料主要有化工原料（如乙烯）、含糖作物（如甘蔗、甜菜等）、含淀粉作物（木薯、土豆和玉米等）以及纤维类原料（如草木秸秆等）。

2）可提高燃烧效率。甲醇和乙醇的辛烷值比汽油的高，许用压缩比高，若与汽油掺烧，可以有效地提高汽油的辛烷值，提高燃烧效率。醇类燃料的着火界限宽，在稀混合气中的火焰传播速度仍能保持较快。

3）可降低排放污染。甲醇和乙醇的含氧量分别为50%和34.7%，燃烧时的排放污染低。在汽车上使用可以提高燃料的辛烷值，增加氧含量，使汽车缸内燃烧更完全，可以降低尾气有害物的排放。

（3）醇类燃料汽车的不足

1）低温启动性较差。甲醇和乙醇的汽化潜热比汽油的汽化潜热高许多。因此，甲醇和乙醇的汽化使进气温度降得较低，影响燃料的充分汽化，并导致低温启动性较差。

2）醇与汽油易分层。甲醇与汽油须借助于某些添加剂才能互溶，但对温度很敏感，易出现分层现象。乙醇与汽油的混合物对水较为敏感，少量的水即可导致乙醇与汽油发生分层。这给混合燃料的储运增加了难度。

3）醇有腐蚀作用。醇以及醇的燃烧产物对铅锡镀层、镁、锌、铜、铝和黑色金属有腐蚀作用。醇对丁腈橡胶有轻微的腐蚀、溶胀、软化或龟裂作用。当醇的含量较大时，应对发动机的有关零部件材质进行防腐处理，如用镍镀层、不锈钢件和氟橡胶替代丁腈橡胶。

4）甲醇有剧毒。甲醇燃烧后有一部分未燃甲醇排出，可刺激眼结膜，也可通过呼吸道进入人体，刺激神经，造成头晕、乏力和气急等症状，严重时可导致死亡。

此外，甲醇和乙醇的热值与汽油相比较低，且乙醇的价格与汽油相比也较贵。

(4) 醇类燃料汽车的发展前景

目前世界上已有 40 多个国家不同程度应用乙醇汽车，有的已达到较大规模的推广，乙醇汽车的地位日益提升。由于甲醇的来源主要是化工副产品，或从其他重要能源转换而得，而乙醇虽然有一定的再生性，但以粮食作物为原料又使它具有了一定的局限性，加之成本较高，这些因素使得醇类燃料从世界范围看尚不可能成为基本的代石油能源，只能作为汽车能源的局部补充。我国部分地区示范使用一种含 10% 乙醇的 E10 乙醇汽油。这种燃料中乙醇的含量少，普通汽油汽车不需要做任何改动就可以使用这种乙醇汽油，所以严格说，使用这种汽油的汽车不能称为乙醇汽车。

8. 生物柴油汽车

生物柴油是指以油料植物和水生微藻植物等的油脂，以及动物油脂、废餐饮油等为原料油通过酯交换工艺制成的脂肪酸甲酯或乙酯燃料。生物柴油既可以替代柴油纯烧，也可按一定比例（2%~30%）与柴油掺烧。

(1) 生物柴油汽车的工作原理

生物柴油汽车的工作原理与传统柴油车基本相同，通过生物柴油发动机来驱动车辆。当生物柴油被喷入燃烧室时，它首先与高温高压的空气进行混合，形成可燃混合气。随着活塞的上行，燃烧室内的温度和压力逐渐升高，当达到生物柴油的自燃点时，混合气开始自燃，产生大量的热能。这些热能推动活塞下行，通过连杆和曲轴将活塞的直线运动转化为旋转运动，从而驱动车辆前进。美国生物柴油车如图 6-23 所示。

图 6-23 美国生物柴油车

（2）生物柴油汽车的优点

1）具有优良的环保特性。由于生物柴油中硫含量低，使得二氧化硫和硫化物的排放低，可减少约 30%（有催化剂时为 70%）；生物柴油中不含对环境会造成污染的芳香族烷烃，因而废气对人体损害低于柴油。检测表明，与普通柴油相比，使用生物柴油可降低 90% 的空气毒性，降低 94% 的患癌率；由于生物柴油含氧量高，使其燃烧时排烟少，一氧化碳的排放与柴油相比减少约 10%（有催化剂时为 95%）；生物柴油的生物降解性高。

生物柴油以一定比例与石化柴油调和使用，可以降低油耗、提高动力性，并降低尾气污染。作为可再生能源，生物柴油与石油储量不同，通过农业科学家和生物科学家的努力，可供应量不会枯竭。

2）具有较好的安全性能。由于闪点高，生物柴油不属于危险品。因此，在运输、储存、使用方面的安全性是显而易见的。

3）具有良好的燃料性能。十六烷值高，使其燃烧性好于柴油，燃烧残留物呈微酸性，使催化剂和发动机机油的使用寿命加长。

（3）生物柴油汽车的发展

人类很早就开始探索生物柴油的应用，最早关于生物柴油的记录可以追溯到 19 世纪末，德国工程师鲁道夫·狄塞尔研制了第一台使用花生油作为燃料的柴油发动机。20 世纪 50 年代末 60 年代初，人们开始研究生物柴油及其生产技术。到了 20 世纪 80 年代至 90 年代，生物柴油生产技术逐渐成熟，德国、奥地利、美国等发达国家开始大力推广生物柴油的应用。21 世纪以来，随着环保意识的提高和政策的推动，生物柴油汽车在全球范围内迅速发展，成为新能源领域的重要组成部分。

6.2.3 智能网联汽车

未来的驾车体验将是怎样的？当汽车行驶在路上时，信号灯、交通事故、路面施工等情况就能被实时感知并传送到云端，同时协同车辆进行智能驾驶分析与决策，驾驶将会更轻松，也更安全。随着智能网联汽车加速登上舞台中央，一幅前所未有的汽车发展蓝图正徐徐展开。

1. 智能网联汽车的概念

智能网联汽车是人工智能、信息通信、大数据技术、云计算、物联网等技术在汽车领域应用的关键载体，融合智慧城市、智慧交通、智慧服务于一体，使车辆与外部节点实现信息共享和协同控制，以达到车辆安全、有序、高效、节能行驶的新一代车辆体系。

2. 智能网联汽车的发展现状

近年来，智能网联汽车产业备受关注，各个国家和地区都将其放在核心战略地位并取得大量技术进展与突破。2023年，L2级智能网联乘用车销量995.3万辆，市场渗透率达47.3%。美国主机厂和科技公司在智能网联汽车基础软件、核心芯片、激光雷达等方面保持领先优势。欧洲L3级自动驾驶车辆开始进入市场，整车企业和汽车电子零部件供应商面向高级别自动驾驶正在加速转型。我国智能网联汽车产业链已经基本完备，部分关键技术研发处于全球并跑阶段，不同等级的自动驾驶技术逐步进入市场。2024年1~5月，我国L2级智能网联乘用车渗透率突破50%，市场规模快速扩展。

3. 智能网联汽车的关键技术

（1）车路云一体化技术

1）车路云一体化的概念。车路云一体化是指通过新一代信息与通信技术，将人、车、路、云的物理空间和信息空间融合为一体，实现智能网联汽车交通系统的安全、节能、舒适及高效运行的信息物理系统，如图6-24所示。通俗地说，"车路云一体化"可以理解为"聪明的车+智慧的路+强大的云"。"聪明的车"指的是具备高度智能化和自动化能力的汽车，和普通汽车相比，它们加装了自动驾驶套件，就变得"聪明"起来了；"智慧的路"则是指配备了先进通信和感知技术的道路基础设施；云平台则扮演着大脑的角色，通过收集和处理来自车辆和道路基础设施的数据，实现全局的协同感知、决策与控制。

图 6-24 车路云一体化系统未来场景（画面由 AI 生成）

2）车路云一体化技术的作用。一是增强道路使用的效率和安全性。这一技术通过将实时感知信息传送至云端，再由云端协同车辆进行分析、决策和控制，提升了车辆的感知能力以及交通引导、决策能力，从而增强了道路使用的效率和安全性。

二是显著提升交通系统的智能化和响应效率。通过集成路边设施和云端数据，车辆可以获得更广泛的感知能力和更精准的数据分析，可以实现城市交通流的优化，减少拥堵，从而实现更高效的智慧交通管理，如图 6-25 所示。例如，在交通事故发生时，车路云一体化系统可以迅速感知并分析事故情况，及时调整交通信号和车辆路径，减少事故对交通流量的影响。

图 6-25 智慧交通未来场景（画面由 AI 生成）

三是助力智慧城市建设。车路云一体化技术推动汽车由传统交通运载工具转变为新一代智能移动空间和应用终端,承载城市千亿级海量移动数据,助力智慧政务、智慧安防、智慧能源、智慧医疗等智慧城市建设。

当前全球正处于数字化和智能化快速迭代的时代,智能网联汽车正在深刻地改变着人们的出行方式和城市的发展方式。作为推动智慧城市发展的重要组成部分,智能网联汽车不仅仅是交通工具,更是城市智能体的一部分,是智慧城市的重要连接点和数据汇集点。而"车路云一体化"则是推动智能网联汽车规模化产业化应用的关键所在。

3)车路云一体化的应用现状。车路云一体化作为自动驾驶的重要组成部分,正在全球范围内迅速发展。2024年1月,我国工业和信息化部、公安部、自然资源部、住房城乡建设部、交通运输部五部委联合印发《关于开展智能网联汽车"车路云一体化"应用试点的通知》。通知指出,应用试点以"政府引导、市场驱动、统筹谋划、循序建设"为基本原则,聚焦智能网联汽车"车路云一体化"协同发展,推动建成一批架构相同、标准统一、业务互通、安全可靠的城市级应用试点项目。

截至2024年7月,我国共建设17个国家级智能网联汽车测试区、7个车联网先导区、16个"双智"试点城市,开放测试道路32000多km,发放测试牌照超过7700张,测试里程超过1.2亿km,各地智能化路侧单元部署超过8700套,多地开展云控基础平台建设。随着5G基站的普及,通信延迟显著降低,数据传输速度和可靠性大大提升,为车路云一体化的实现提供了技术支持。此外,人工智能技术的发展也为车路云一体化提供了强有力的支持,通过优化交通流量和减少拥堵,进一步提升了交通系统的效率。

4)车路云一体化面临的挑战。尽管车路云一体化展现出广阔的应用前景,但其实现仍面临诸多挑战。各地"车路云一体化"建设处于初级阶段,尚未能搭建形成完备的系统架构,基础设施建设存在"碎片化"现象,难以支撑自动驾驶技术和网联功能的规模化应用。

此外,实现车路云一体化需要大量资金投入。这对经济实力滞后的地区来说是一个巨大挑战。高昂的投资成本可能导致这些地区在技术推广方面面临困难,从而加剧地区之间的数字鸿沟。为了克服这一挑战,需要政府和企业的共同努力,通过政策支持和创新融资模式,降低技术推广的成本。

(2)车控操作系统技术

车控操作系统是汽车硬件资源管理和软件运行的基础平台,提供整车车级部件感知、规划、控制等功能框架,为用户和其他软件提供接口和环境。车控操作系统分为安全车控操作系统和智能驾驶操作系统。

1）安全车控操作系统。

①安全车控操作系统的概念。安全车控操作系统主要面向经典车辆控制领域，如动力系统、底盘系统和车身系统等，适用于控制类和安全性要求较高的应用场景，如发动机、变速器等传统动力总成控制器，支持微秒级的实时调度和不同优先级的实时响应，确保关键应用程序确定性时延的需求，实现控制器对外围传感器、执行器的精确控制，保障了车辆的安全性。

②安全车控操作系统的作用。安全车控操作系统面向车辆动力系统、底盘系统、车身系统等传统控制领域，负责整车控制。它通过精确控制车辆的各个系统，确保车辆在各种工况下的稳定性和安全性。作为实时操作系统（RTOS）的内核，安全车控操作系统具有高可靠性的特点，能够在各种复杂和极端工况下稳定运行，避免因系统故障导致的安全问题。同时安全车控操作系统需要极高的实时性，以满足车辆动力电子、底盘电子、车身电子等实时控制功能的需求。它能够在毫秒或微秒级别内完成资源分配、任务同步等指定动作，确保车辆控制指令的及时执行。

③安全车控操作系统技术的应用现状。安全车控操作系统内核通常遵循AUTOSAR CP规范开发。AUTOSAR，全称为Automotive Open System Architecture，即汽车开放系统架构。它是由全球各家汽车制造商、零部件供应商以及各种研究、服务机构共同参与的一种汽车电子系统的合作开发框架，并建立了一个开放的汽车控制器（ECU）标准软件架构。

国外安全车控操作系统发展较早，有成熟的量产经验，代表企业有Vector、ETAS、EB等，车控操作系统主要产品有Red Hat In-Vehicle OS、VxWorks、QNX等。我国很多车企使用了QNX系统，如哪吒S作为哪吒汽车的旗舰车型，搭载了黑莓QNX系统，以保障新车的功能安全、网络安全和可靠性。

我国普华基础软件、华为、经纬恒润、东软睿驰等企业相继开发国产Classic AUTOSAR产品并通过ASIL-D产品认证，其中普华已累计量产超1200万套。2024年6月，以"基础共筑、开源启航"为主题的2024首届中国（重庆）智能汽车基础软件生态大会暨第三届中国汽车芯片高峰论坛在重庆隆重举行。会上宣布启动"小满"安全车控操作系统项目，这是国内首个规模化、量产级的开源安全车控操作系统，由普华基础软件联合中国一汽、东风汽车、长安汽车等车企共同推出。

2）智能驾驶操作系统。

①智能驾驶操作系统的概念。智能驾驶操作系统主要面向自动驾驶领域，支撑感知、定位、规划、决策等功能的实现，对安全性和可靠性要求较高，具有更高的计算能力和数据通信能力。

智能驾驶操作系统将会成为自动驾驶汽车发展的核心竞争力之一，是行业的竞争焦点，全球还处于起步阶段，技术路线不统一，且面向高阶自动驾驶的操作系统尚不成熟。

②智能驾驶操作系统的底层内核。目前，行业内普遍采用的底层内核主要有Linux、QNX和其他RTOS等操作系统。Linux为自动驾驶算法提供丰富的开源生态，包含大量面向智能驾驶应用算法的三方库及中间件，但是硬实时无法保证，同时难以满足功能安全的要求。QNX采用微内核架构，可满足自动驾驶对功能安全的认证要求，认证范围包括工具链、微内核、libc、libm和libsupc++库等。通用、沃尔沃、奥迪、蔚来等品牌车都有使用QNX操作系统。汽车上的每台计算机对操作系统有不同的需求，谷歌的Android、开源的Linux和BlackBerry QNX不是竞争对手，而是合作伙伴。比如蔚来ET7（图6-26）、ET5都是QNX和Android合作，QNX负责功能安全域的仪表、舱内基础辅助驾驶功能等，Android负责中控和副驾屏。

图6-26　蔚来ET7全景互联智能屏

我国华为、斑马、中兴、冀辉等国内企业也加大对微内核和混合内核设计等关键技术的投入力度，与国内芯片厂商深度合作，构建自主软硬件生态。华为基于微内核鸿蒙OS自主研发AOS，搭载在其自研的BDC硬件平台上。AOS系统针对车场景打造确定性运行环境，满足生态、车规安全、数据驱动开发等需求。华为与比亚迪、上海五菱、哪吒、东风、深蓝等多家汽车品牌合作。华为ADS（Automated Driving Solution）是华为的智能驾驶解决方案，它包括了一系列的硬件、软件和算法，旨在提供高级别的自动驾驶功能。2024年，华为鸿蒙智行享界S9（图6-27）搭载华为ADS3.0智能驾驶系统，该系统通过其先进的环境感知技术、智能驾驶体验的快速迭代、卓越的泊车能力以及全面的安全保障措施，为驾驶人提供了更加舒适、安全、便捷的驾驶体验。

图6-27　华为鸿蒙智行享界S9

③驾驶辅助功能技术。先进的驾驶辅助系统是指利用安装在车辆上的传感、通信、决策及执行等装置，实时监测驾驶员、车辆及其行驶环境，并通过信息和运动控制等方式辅助驾驶员执行驾驶任务或主动避免或减轻碰撞危害的各类系统的总称。驾驶辅助功能主要有自动紧急制动、车道保持辅助、自适应巡航控制、自动泊车等。

a. 自动紧急制动。汽车通过雷达、摄像头等环境感知传感器实时监测车辆前方行驶环境，能够检测道路车辆、行人状况，并在必要时自动制动以减少碰撞风险或减轻碰撞后果，如图6-28所示。目前，该功能已经大规模搭载。

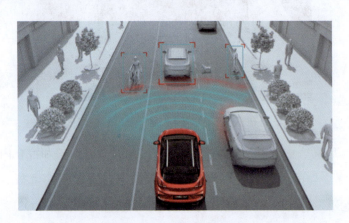

图6-28　自动紧急制动

b. 车道保持辅助。在车辆行驶过程中，通过采集道路环境信息及车辆信息，实时监测车辆与车道边线的相对位置，持续或在必要情况下通过电子助力转向系统来控制车辆的横向运动,以使车辆保持在原车道行驶。该功能主要是针对车辆在高速公路和路况良好的公路上行驶时设计的,因为在这些道路上可以看到清晰的车道标识线,如图 6-29 所示。

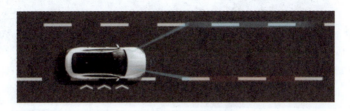

图 6-29　车道保持辅助

c. 自适应巡航控制。自适应巡航控制系统是传统的定速巡航控制系统的扩展,如图 6-30 所示。当前车的车速发生改变时,自适应巡航控制系统可以自动调整本车速度,而无须驾驶员随时调整巡航速度或者解除巡航。自适应巡航控制系统是一种提高舒适性的驾驶员辅助系统。它减轻了驾驶员在驾车过程中的负担,从而提高了驾驶安全性。

图 6-30　自适应巡航控制系统

d. 自动泊车控制。如图 6-31 所示,自动泊车的整个过程包括车位探测、路径规划和自动驶入车位。车辆在低速行驶过程中,自动泊车系统会不断扫描周围环境,一旦发现合适的停车位,就会提示驾驶员并自动进入泊车模式。系统会自动控制方向盘和加减速,将车辆顺利泊入车位。整个泊车过程由系统自动完成。尽管自动泊车系统可以自动化完成大部分操作,但驾驶员仍需保持警惕,随时准备接管车辆。在自动泊车过程中,驾驶员需要主动观察周围情况,并根据系统提示,控制制动和挡位,确保泊车过程的安全。

图 6-31 自动泊车

④自动驾驶技术。一般情况下，自动驾驶功能需依靠车辆搭载的摄像头、毫米波雷达、激光雷达等传感器获取道路信息，通过车载计算平台集成融合成以车身为中心的路况"瞰图"，车辆的自动驾驶算法会以此"推理"出相应行驶路径。相关数据在脱敏后也会通过互联网上传到云计算平台，"喂"给人工智能大模型进行训练，持续迭代升级算法，进化出新版本后再向用户车辆推送，不断优化车辆驾驶体验。

根据国际汽车工程师协会制定的标准，广义的自动驾驶从 L0 至 L5 共分为 6 个层级。L0 只提供预警信息，不介入驾驶操作。L1 和 L2 还是以驾驶员为主，称其为辅助驾驶更准确。只有到 L3 及以上才算是逐步减少直至摆脱驾驶员干预的自动驾驶。不过等级越高，实际体验未必越"先进"。特斯拉为自动驾驶技术和产业化的领跑者。2021 年，特斯拉发布了升级后的"全自动驾驶"（FSD，Full-Self Driving）软件的测试版，面向更广泛的公众开放。该系统的最终目标是实现车辆可在没有人干预的情况下，自主识别路况、规划路线、控制速度和方向，完成从起点到终点的行驶。2023 年，特斯拉推出全新自动驾驶系统 FSD V12（图 6-32），该系统从机器视觉到驱动决策都由神经网络进行控制，并提供了多种高级驾驶辅助功能，如自动泊车、自动换道、自动超车、自动合流、自动跟随等功能，还增加了在城市道路上自动驾驶的功能，包括道路转弯和停车等。2024 年，特斯拉宣布推出全新一代自动驾驶系统——Autopilot 3.0，这一突破性技术的发布是智能出行领域的重要里程碑。目前特斯拉多款车型，包括 Model 3、Model S、Model X 以及 Model Y（图 6-33）都配备了自动驾驶功能。其中，特斯拉的自动驾驶系统主要基于 L2 级别的技术，因此在使用时，驾驶员仍需保持高度专注，并手握方向盘以应对可能的突发情况。

图 6-32 特斯拉 FSD V12

图 6-33 特斯拉 Model Y

(3) 智能座舱功能技术

智能座舱作为智能网联汽车产业中至关重要的部分,成为除住宅、办公场所之外承担美好生活的"第三生活空间",可以满足消费者社交、学习办公、路线规划、旅行决策等丰富多样的生活场景要求。语音识别和车联网已经成为消费者对智能座舱功能的基本需求。

1)智能座舱的概念。智能座舱是一种集成了各种先进技术和功能的汽车内部环境,主要由车载信息娱乐系统、车联网系统、视觉感知交互系统、语音交互系统、抬头显示系统、流媒体后视镜、智能座椅和其他部件组成。

2)智能座舱的应用现状。汽车座舱的发展主要经历了机械仪表阶段,传感器和数字仪表阶段,全面智能阶段。20 世纪 80 年代之前,汽车座舱是机械式座舱,主要包含机械仪表盘和简单的音频播放设备,无集成化,无显示屏,物理按键功能单一。在这一阶段,人机交互主要依赖于人发出的指令,机器总是被动地执行命令。20 世纪 80 年代到 2015 年，开始出现电子化座舱。随着传感器的发展和芯片技术的运用，汽车座舱开始呈现出智能化、网联化的特点。座舱的功能不仅仅局限于根据指令执行的驾驶功能，还出现了部分娱乐功能和导航功能。在这一阶段，人机交互主要通过小尺寸的液晶显示屏或多屏融合技术，开始出现包括语音控制在内的非接触交互。2015 年至今，汽车全面智能化，出现了高度集成化、多联屏设计的智能座舱，汽车开始成为集娱乐办公生活社交于一体的人机交互智能产品。在这一阶段，人机交互趋于多元化，出现了驾驶员向乘客的转变。2023 年，中国市场（不含进出口）乘用车搭载智能数字座舱（大屏 + 语音 + 车联网 +OTA）前装标配交付 1212.11 万辆。

3）智能座舱的主要功能。智能座舱系统通过配备的智能化和网联化的车载产品，集成感知、交互、控制和信息处理技术，为驾乘人员创造更加智能、安全、便捷、舒适和个性化的驾乘体验。

①安全辅助。智能座舱通过感知设备来监测车内外环境情况，为驾驶员提供警示、预警、决策支持，包括将时速、续航、导航等行车信息实时抬头显示，当驾驶员有疲劳驾驶、分心驾驶等行为时做出预警，监测驾乘人员是否系好安全带等功能。如图 6-34 所示，它能够根据驾驶员的转向动作，检测出驾驶员的疲劳程度，并通过在组合仪表中的警报信息和警报音来提示驾驶员是否需要休息。

图 6-34　疲劳识别系统

②人机交互。智能座舱通过语音、视觉、触觉等多种交互式模式来实现驾车人员与座舱系统之间的沟通和控制，包括语音交互、手势交互、触觉交互等。

语音交互：通过语音识别技术，实现与车辆的自然语言交互，驾驶员可以通过语音指令控制车辆的各种功能，如导航、音乐播放等。

手势交互：通过识别驾驶员的手势动作，实现对车辆的控制，进一步简化操作过程。

触觉交互：通过触控屏、物理按钮和控制面板等操控座舱功能为驾乘人员提供更加直观、安全和自然的交互体验，增强人机交互的效率和舒适度。

③信息娱乐。智能座舱集成了音响、导航、通讯等多种功能，为驾驶员和乘客提供丰富的多媒体内容，包括实时信息问询、丰富娱乐内容、社交生活服务等。这些功能支持多种音频和视频格式的播放，满足乘客的个性化需求。图6-35为小米SU7智能座舱多媒体主页面，左侧为车辆状态/SR可视动态页面，中间为地图导航页面，右侧为音频页面。

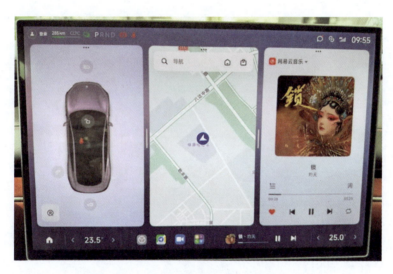

图6-35　小米SU7智能座舱多媒体主页面

④网联服务。智能座舱通过无线通信和车联网技术，将车辆与外部网络、移动设备和其他车辆连接，实现车辆远程控制、软件远程升级、数据交互等功能。如车辆远程控制功能，车主只需通过手机APP，即可实现对车辆的远程控制，包括远程启动、关闭发动机、控制空调温度、开关车门锁等。

⑤智能舒适。智能座舱利用感知体验和智能技术提升驾驶员和乘客的乘坐体验。智能座椅系统可支持前后、上下靠背角度等多向电动调节，还具备按摩、加热、通风等功能，提升驾乘人员乘坐舒适度。智能空调系统支持车内不同区域的温度独立调节，满足不同乘客的舒适度需求，实时监测车内空气质量，并根据需要自动开启空气净化功能。智能照明系统可根据环境光线自动开启和关闭大灯，提高行车安全性。

4. 智能网联汽车的发展趋势

目前，智能网联汽车已经成为全球汽车产业转型升级的重要战略方向。智能网联汽车的出现将对提升行车安全、改善交通环境、实现低碳出行产生巨大作用。尽管智能网联汽车发展前景广阔，但其在实际推广过程中仍面临诸多挑战。如技术安全性问题，自动驾驶系统需要在各种复杂的交通环境中保持稳定和安全，任何一个小的技术故障都可能导致严重的安全事故；法律问题，目前智能网联汽车的相关法律法规还不完善，需要在试点过程中不断总结经验，完善法律体系。

思考与练习

一、选择题

1. 汽车对环境的影响有（　　）。【多选题】
   A. 排放有害气体　　　　　　B. 噪声污染
   C. 废水污染　　　　　　　　D. 原材料污染

2. 汽车对交通的负面影响是（　　）。【多选题】
   A. 交通堵塞　　　　　　　　B. 交通事故
   C. 节省时间　　　　　　　　D. 方便出游

3. 下面不属于缓解石油危机的措施是（　　）。【单选题】
   A. 使用节能燃料　　　　　　B. 采取汽车节能技术
   C. 汽车管理节能　　　　　　D. 使用大排量汽车

4. 按照用途不同分类，纯电动汽车可分为（　　）。【多选题】
   A. 电动轿车　　　　　　　　B. 电动货车
   C. 电动客车　　　　　　　　D. 燃料电池汽车

5. 智能网联汽车发展的终极目标是（　　）。【单选题】
   A. 辅助驾驶汽车　　　　　　B. 自动驾驶汽车
   C. 高级别汽车　　　　　　　D. 无人驾驶汽车

二、问答题

1. 什么是新能源汽车？
2. 列举3种以上新能源汽车。
3. 智能座舱的主要功能有哪些？

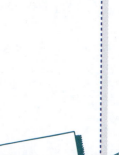

参 考 文 献

[1] 曲金玉，任国军，曲平波，等. 汽车文化［M］. 4版. 北京：机械工业出版社，2022.
[2] 李艳菲，李颖. 汽车文化与新技术［M］. 2版. 北京：机械工业出版社，2021.
[3] 中国汽车工业协会，中国汽车技术研究中心有限公司，北京汽车集团有限公司. 汽车工业蓝皮书：中国汽车工业发展报告（2023）［M］. 北京：社会科学文献出版社，2023.
[4] 工业和信息化部装备工业发展中心，浙江吉利控股集团有限公司. 中国汽车产业与技术发展报告（2021）［M］. 北京：电子工业出版社，2021.
[5] 工业和信息化部装备工业发展中心. 中国汽车工业现代化发展［M］. 北京：电子工业出版社，2023.
[6] 林平. 汽车文化［M］. 北京：机械工业出版社，2018.
[7] 侯伟胜. 自主品牌汽车：从起于微末到与巨头鼎足［J］. 商业观察，2023，9（22）：6-9.
[8] 凌永成. 汽车文化［M］. 3版. 北京：清华大学出版社，2017.
[9] 王凤兰. 现代汽车与汽车文化［M］. 2版. 北京：清华大学出版社，2010.
[10] 邵景峰，杨志刚，黄乐清，等. 突破性汽车造型设计的决策因素及其百年权重变化［J］. 同济大学学报（自然科学版），2022，50（12）：1809-1816.
[11] 解孝峰. 汽车设计效果图［J］. 中国高等教育，2021（12）：34.
[12] 沈云鹤. 汽车发动机构造与维修［M］. 北京：高等教育出版社，2005.
[13] 安德森. 创客：新工业革命［M］. 萧潇，译. 北京：中信出版社，2012.
[14] 李吉海，姚天橹，黄艳军. 汽车改装技术［M］. 北京：机械工业出版社，2018.
[15] 廖莺，刘长策. 汽车文化［M］. 北京：机械工业出版社，2020.
[16] 中国汽车工业协会，国家智能网联汽车创新中心. 智能网联汽车蓝皮书：中国智能网联汽车产业发展报告（2023~2024）［M］. 北京：社会科学文献出版社，2024.